U0582141

攀升

林小白◎著

走上只有少数人的
职场金字塔

天津出版传媒集团

天津人民出版社

图书在版编目（CIP）数据

攀升：走上只有少数人的职场金字塔 / 林小白著
. -- 天津：天津人民出版社，2019.11
ISBN 978-7-201-15306-3

Ⅰ.①攀… Ⅱ.①林… Ⅲ.①职业选择 – 通俗读物
Ⅳ.①C913.2-49

中国版本图书馆CIP数据核字（2019）第208732号

攀升：走上只有少数人的职场金字塔
PANSHENG：ZOUSHANG ZHIYOU SHAOSHUREN DE ZHICHANG JINZITA

出　　版	天津人民出版社
出 版 人	刘　庆
地　　址	天津市和平区西康路35号康岳大厦
邮政编码	300051
邮购电话	（022）23332469
网　　址	http://www.tjrmcbs.com
电子邮箱	reader@tjrmbs.com

责任编辑	陈　烨
策划编辑	柳文鹤
装帧设计	任燕飞设计室

制版印刷	天津旭非印刷有限公司
经　　销	新华书店
开　　本	880×1230毫米　1/32
印　　张	8
字　　数	120千字
版次印次	2019年11月第1版　2019年11月第1次印刷
定　　价	45.00元

目　录

1

Part 1

全面了解自己，发现核心竞争力

你可能对自己一无所知

"我其实也不是很喜欢现在这份工作，但又不知道自己喜欢什么"，对于"你为什么做这份工作"这个问题，我听到大多数人的回答都是相似的。找工作很像高考报志愿，很多人都不太清楚自己到底喜欢什么，以后能做什么，就稀里糊涂地做出了选择。

有的人有试错精神，他看A工作好就去应聘，如愿以偿之后发现不过如此，就再跳到B工作，发现还是不同于之前的想象，继续跳槽再尝试，"年轻就要不断试错"，这就是他们的宣言。还有的人只想平稳地过一生，他们找到一份工作后，即便觉得别人的工作特别好，他们还是会坚守在自己的"一亩三分地"里，偶尔感叹下工作并不适合自己，但也没想着转行换工作，只是发发感慨而已。而剩下的人就比较痛苦，他们想要找一份合适的工作，但又像无头苍蝇一样毫无方向，在面对现实的情况和长辈的指导下，很多人只能被动选择一份工作。

当然，工作没有好坏之分，看起来光鲜亮丽的工作，背后必然也会有不为人知的辛苦。关键是要找到适合你的个性和自身情况的工作。在做出选择之前，必须要先做好职业定位，毕竟不是谁都能那么幸运，随便一找就能碰巧找到一份适合自己干一辈子的工作。

以下，是我认为与理想工作相关的一些因素：

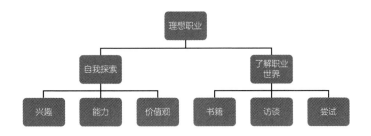

1.做好自我探索

▲兴趣

兴趣就是别人不给你钱，你还是愿意做的事，这件事就是你的意愿所在。问问自己的兴趣爱好都有哪些，把它们一一罗列下来，这些兴趣爱好可以是你已经接触过的，也可以是你从未接触过但有强烈意愿想去尝试的。

如果你的工作和兴趣是契合的，那么你在工作中就会比较容易开心，因为有兴趣，你在没有他人推动的情况下，也会自发去学习，这就促进了能力的提升。

▲能力

请仔细思考，确定三件你认为至今为止你做得最棒的事，可以是工作中经历的，也可以是生活中的事情。为了更好地梳理你的能力，我建议你把它们写下来。写的时候，最好体现出"4W1H"原则，即发生在什么时候（when）、什么地点（where）、发生了什么（what）、为什么这么做（why），以及怎么做的（how）。试着从这三件你自认为做得最好的事情里找出共性，有没有哪一项能力是你在处理这三件事情时都用到的呢？

是人际沟通能力还是信息搜集能力，或是分析整合能力？请把频繁运用在这三件事中的能力一一写下来。

▲价值观

价值观说起来有些虚无缥缈，实际上很重要。比如一个人的价值观是"自由和成就感"，却身处"死气沉沉"的工作单位，那么他可能会很痛苦，因为这份工作给不了他认为最重要的自由及成就感。所以，明确了价值观之后，你就能很快排除那些不符合你价值观的工作。

快速找到你的人生"TOP 3"

价值观列表

利他主义　美感　智力刺激　成就感　独立性

声望地位　管理　经济报酬　社会交往　舒适（环境）

安全感　人际交往　追求新意

那么，要如何快速明确你的价值观呢，我这里有一个方法，具体做法如下：

从上面这张图中罗列的13种较为主流的价值观中，选择你觉得最重要的8种，并写下来；然后仔细斟酌一下，从中删掉3个，留下5个；之后再把剩下的几个比较一下，删掉相对不重要的2个，那么，最后剩下的3个就代表了你最核心的价值观。

需要注意的是，这个价值的观构成只是你当前的状态，因为价值观是随着年龄和阅历的增长而不断变化的。

最后，要做好整合与检索。结合你的兴趣、能力和价值观，认真想想现在市场上有没有符合这些条件的工作？如果有，把它写下来；如果不太确定，就把你能想到的都写下来。

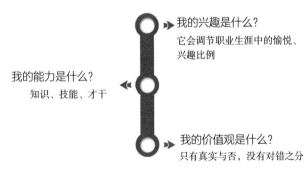

完美职业=兴趣+能力+价值

我的兴趣是什么？
它会调节职业生涯中的愉悦、兴趣比例

我的能力是什么？
知识、技能、才干

我的价值观是什么？
只有真实与否，没有对错之分

2.了解职业世界

现在，你大概知道自己的理想职业是怎样的了，手握蓝图当然好过毫无方向。但你要明白，想象与现实总会有差距。当我们还没有真正体验过某些事的时候，我们总会把那件事想得很美好，而忽略掉那些负面信息，所以，了解职业世界这一过程必不可少。这个过程能让我们更快、更好地了解我们理想职业的真实模样，将理想与现实经过比照后，你才能做出相对完美的选择。

我们可以通过以下方式来了解真实的职业世界：

▲书籍和网络

你可以通过书籍、网络等渠道查找到相关资讯来快速了解你的理想职业。举个例子，咨询行业是不少人的理想职业，许多人都幻想过自己进入咨询行业后西装革履、常年坐商务舱各地飞、洽谈商务那种体面的模样，但通过讲述麦肯锡公司的相关书籍，我们就会知道，这是一个表面光鲜但实际特别辛苦的行业。

那么你在了解到工作背后的辛酸之后，是否还愿意进入这个行业，做这份工作呢？这是值得你深入思考的问题。

▲约谈

除了书籍、网络等渠道，我们还可以直接和正做着你认为是理想职业的前辈约谈，通过他人的描述，更全面地了解这个岗位。而约谈的人，除了你知道的从事相关行业或岗位的学长、学姐之外，还可以在分答、在行、知乎、问咖等网络问答的平台上寻找。

▲尝试

如果觉得听说和看到都不足以让你充分了解理想职业的模样，那么就去试试吧。如果你是在校大学生，可以利用课余时间做兼职或是利用寒暑假去实习；如果你已参加工作正打算跳槽，那么在奔赴你的理想职业之前，我建议你可以利用下班后及周末的时间先尝试做相关的兼职来体验一下。

例如，我上大学时身边有不少女同学把教师一职视为自己的理想职业。她们利用闲暇去一些培训机构或家教机构做一段时间的兼职教师，在体会到教师工作的益处和辛酸后，也就能更好地判断这份工作是不是符合个人的期望了。

工作追求的是"门当户对"

如上文所述，通过自我探索和了解职业世界，我们基本就能确定自己原先以为的理想职业是否真正符合我们的期望了。但许多人在实践过后就会发现一个问题——我的理想职业在经过全面了解后，完全不符合原来的想象，仿佛一下子回到原点，不知道要找什么样的工作了。

在这里我想先说一个关于找对象的故事。很多人在遇到自己生命中的另一半之前，往往会设定非常多的条件——长相、身高、工作、家庭等，事无巨细，无不有所要求。我身边不少已婚的女性朋友均是如此，但最后她们的老公却往往不是最初的理想型。"在遇到他的时候，就认定是他了，那些条件一下子就烟消云散了。"她们这么告诉我。

找工作在某种程度上和找对象很像，适合终究比理想更重要。所以，如果你通过自我探索和了解职业世界之后，仍没能确定个人的职业方向，那么接下来这些方法可能会帮到你。

1. 分析下你想从事某工作的理由

倩倩，正值大四，中文专业，她的理想职业是电视台记者，这份工作符合她的兴趣、价值观和所学专业。而她之所以把电视台记者当作她的理想职业，主要理由是她觉得身为电视台记者很风光，经常是衣着得体、妆容精致地出现在电视上，也能接触到不同的人，可以长见识、见世面。

但后来倩倩如愿了吗？她毕业后成了电视台记者，但仅仅一个月后就离职了，因为电视台记者的工作压力及同事间复杂的人际关系是她之前没有料想到的。

如果她能够在为理想付诸行动前好好地分析一下自己想从事电视台记者背后的动机，就会发现这份工作其实并不适合她。因为她仅仅喜欢这份工作的光鲜体面，却不愿承担这份体面背后的辛苦和汗水。

后来，倩倩成了一家形象设计工作室的文案，她告诉我："现在，我对自己的工作、生活都非常满意，远好过当初因为节目做得乱七八糟而独自躲在角落哭泣时的状态。"在形象设计工作室工作，满足了她对光鲜体面的向往，而做文案也符合她的专业和能力。

所以，如果你不明白自己适合什么样的工作的话，先好好想想，你为什么要从事那个理想工作，背后真正的理由是什么？然后再去找能符合这个背后原因的相关工作。

2.去平衡个人期望与职业需求

我一直强调自我探索与了解职业世界的重要性，其实就是为了更好地匹配你的需求和用人单位的要求。这个过程就像是相亲，男方有要求，女方也有自己的条件，这两人要求的匹配度越高，这场相亲成功的概率才能越高。实际上，现在的相亲网站也是按照这种方式来进行推荐的。

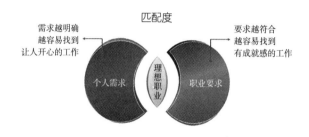

所以，找到喜欢又能胜任的工作，说到底就是匹配度的问题。如果个人需求符合职业要求的话，就比较容易找到相应的工作，甚至可以做到一步到位。但如果个人需求不符合职业要求，求职者往往会陷入矛盾、纠结和犹豫的状态，罗马不是一天建成的，任何人的任何能力都不是与生俱来的。如果你通过自我探索和了解，明确了自己的理想职业，但自己目前的能力却不足以让你胜任这份工作，你可以通过学习、培训等方式，循序渐进地完成相关能力的培养，最终达到理想工作的职业要求。

3.以当前职业发展阶段决定工作

一般而言，完整的生涯职业有生存期、发展期和事业期三个阶段。你所处的阶段决定了你的职业发展道路。例如，大多数毕业生在毕业后的3年内，都处于职业生涯的生存期，他们首先要做的是尽快实现经济的独立，这时候的他们即便有自己的理想职业，在生存需求面前也会被暂时搁置在一旁。吃不饱穿不暖，还谈什么诗与远方呢？

而在职场摸爬滚打几年以后的人，会进入职业生涯的发展期，也就是经济独立，收入大于支出，赚钱不单单是为了养家糊口。这时候他们不仅具备了相应的职场技能，也积累了一定的社会资源，这时候他们再考虑换工作的话，则会考虑换一份让职业资产增值的工作，或是能带来更多成就感的工作，努力探索和发展更多的职业可能，尽快让自己步入事业期。

如果已经处于事业期了，首先要恭喜你基本实现了财务自由。因为从职业发展期进入事业期的一个主要标志就是基本实现财务自由。处于事业期的你在工作上应该是要寻找更多的内在成就和意义，也就是自我实现。

所以，当我们的个人需求和职业要求不匹配的时候，首先要解决的是经济问题；其次才是以理想职业为目标，在实践中学习和提升；最后寻找机会和平台，努力探索更多的职业可能，实现个人价值。

最小成本试错，发现你的核心竞争力

　　我做过几期求职训练营，但谈论得越多、越细，我越觉得关于职场这个话题很不好说，因为它太因人而异了。很多人以为找工作是从投简历开始的，其实不是，它应该是从职业定位开始的。所以这就是为什么大家找到工作后，发现自己其实并不喜欢做这个，或者不适合做这个。因为对于找工作这件事，你从一开始就没有做对、做好。

　　有的人对职业有困惑，就想着去找专业的职业生涯规划师。这种做法包含着他们对职业生涯规划师的误解，因为职业生涯规划师只是个理性、系统、专业的局外人，他们只能根据你的描述及状态给出建议与大方向，而不能未卜先知地了解你想从事某种工作背后的真实原因。

　　之前，有一对男女明星结婚，很多自媒体都在转发这个消息，我当时看过一篇专访，记者问他们："如果有人可以告诉你们未来是什么样的，你们会想要知道吗？"他们俩都回答："别告诉我，我不想知道。"我当时觉得，活得这么洒脱的人应该不太多吧。至少，我以前曾无数次地想，如果有个拥有预知能力的人告诉我未来是怎样的该有多好。但后来我才明白，很多路只有你亲自走过才有意义，很多事只有你自己尝试过才有价值，仅仅是听过来人告诉你，你也只能是听说而已。

职业生涯规划也是这样，那些做职业生涯咨询的人，都希望得到一个精准的答案。但无论咨询师怎么帮他们分析，他们最终会发现，自己还是不能确定咨询师给出的答案是不是自己想要的，因为这本来就是一件需要靠自己去尝试才能确定的事。

这么说来，咨询师的作用好像不大。其实不是的，正如前面提到的一样，因为他们足够专业，可以运用很好的思维帮你分析，解答你思考中遇到的问题和疑惑，帮你弄明白你真正想要的到底是什么。总的来说，他们能很好地辅助你，但真正思考的人只能是你自己。

所以，你可以跟着兴趣、能力或是价值观走，一旦找到有感觉的大致方向，就赶紧去行动、去检验。你可以去实习、做志愿者、做兼职，让自己尽快地进入你要去的方向，尽快地发现自己是适合还是不适合。要知道，在现实生活中，你不可能在完全看清方向后再去行动。就好比投资，没有人敢打保票一定盈利，但只要有成功的可能出现，我们都会去试试看，工作也是这样，只要有了大致的方向就可以去尝试和试验。

但也有人反对试错，因为他们认为这是一种极其浪费时间、精力和成本的事。但在我看来，试错是必要的。毕竟不是每个人都那么幸运，遇到的第一份工作就是自己想做一辈子的，如同恋爱，初恋能走到婚姻的总是少数。所以当我们还是学生的时候，就是极好的试错阶段，因为这时的时间成本足够低。但如果你已经工作多年，时间成本很高，这时你依然想做别的尝试，也不是不行，只不过要小步试错，比如，利用下班后和周末的时间去尽可能地尝试你想做的工作。

别再说下班后没有时间，别再说周末没有空闲，你怎么总有时间看剧、打游戏、约会呢？说到底，还是意愿及驱动力的问题。如果你尝试了，发现自己试了很多，却一直没能找到适合你的，也不必沮丧，因为有个词叫功不唐捐。你做的每件事、每份努力都不会白费，此路不通，会有别的路等你。

时势比人强，行业趋势胜过一切

之前，我参加了一场探讨转行的小型聚会，谈到最后我忽然有一种感觉，就是对于"转行"这一概念的模糊，我的疑问是，转行不转职算是转行吗？比如原先在制造业做HR，现在到了旅游业做HR，算不算转行？我对与会的人提出我的疑问，大部分都认为不算，到最后，我发现大部分人对于工作的纠结实际上是对于工作岗位的纠结。但我觉得，比起岗位纠结，更应该思虑的是行业。

实际上，我们现在所有的工作岗位，都是因为出现了某个新的行业，引发了大量社会需求才设置了岗位。好比空乘是因为有了航空服务业才设置的，程序员是因为有了互联网行业才出现的，新媒体运营专员是因为有了新媒体才存在的。

问问自己，如果时间倒退到1995年，你到了可以参加工作的年纪，你会去做什么工作呢？水利电力？制造业？互联网行业？如果我有高瞻远瞩的预见能力，我肯定会选择去互联网行业，因为在未来的10年间这个行业会有突飞猛进的发展，而随着这个行业的迅猛发展，即便我从一个助理做起，我的薪水也可能会翻上好几番。

　　现在，再回头看，每个行业都有一些比较类似的岗位，比如管理、秘书、助理、运营、推广、销售、技术等。但不同行业的同一岗位，薪资却很不同，这就是行业发展的力量。

　　有句话很多人常说，"越努力，越幸运"，但很不幸，努力要受方向的限定，如果你努力的方向是逆潮流的，那么你越努力就会离你的目标越远。如果方向是正确的，哪怕这条路我们要走很久，我们也会感到安心，因为我们总会走到的，怕就怕我们走的是一条错误的道路。

　　有的人在选择工作的时候是根据个人能力来选择的，有的人是根据上司来选的，大多数是根据公司来选择的，它是世界500强企业还是初创企业，就成了考量的主要标准。但更好的方式是按照趋势或行业来选择，这样的选择才有可持续发展性，因为社会各方会源源不断地向这个行业投入资源。

职业发展的正确思考方式

　　就好比你目前要去买股票，有两只股给你选。一只每股50元，未来5年可以增长到100元/股；另一只每股5元，未来5年会增长到50元/股。你会买哪个？以1万元的本金为计，忽略手续费，第一只股票的收益是100%，第二只股票的收益是1000%。由此可见，增速才是第一要素。所以，我们应该选择未来持续发展的行业，而不是聚焦当下，拿当下所谓的高薪，选择远比努力更重要。

行业是有一个生命周期的，基本分为：初创期、成长期、成熟期和衰退期。初创期的时候，只有一小部分人看到了它兴旺的未来，然后投身其中；成长期是越来越多人意识到，某个事情已经越来越多地出现在大众的视线里；成熟期是所有人都知道了，这个行业正如日中天；而衰退期则说明该行业已经渐渐式微，成为夕阳产业了。

这四个周期还是比较好区分的，比如邮政行业正处于衰退期，想想看，你多久没写过一封信了？而互联网已经进入了成熟期，多少人削尖了脑袋要往这个行业钻。旅游业、文化娱乐业及体育业开始进入成长期了，随着生活水平的提升，大家对这种现代服务产业开始有越来越多的需求。而人工智能虽然刚起步，但潜力不容小觑。那我们知道，为了职业的可持续发展，我们最好不要去处于衰退期的行业，比较稳妥的选择是去处于成长期的行业。

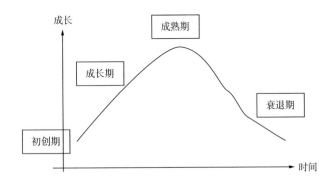

目前处于成熟期的行业固然好，因发展得比较成熟了，所以企业很多还是500强的大企业。但有两个问题，一是准入门槛变高了，可能非"985""211"名校不要，甚至是非研究生不要；二是这些大公司的格局大多已经确立，许多人成为行业的操盘者，留给新人的发挥空间有限。

投身于初创期的行业相较成长期的而言，风险会比较大，一开始的薪资也可能不稳定。而且一个行业的发展并不总是一帆风顺的，很可能遭遇波折，这对于投身其中的人是最大的风险。所以综合起来考虑，在处于成长期的行业工作是最理想的。

锁定了行业，你就可以考虑更具体的问题。比如具体要从事哪个岗位，可以参照你的兴趣、能力及价值观做个简单的定位。但我建议你尽量往核心部门靠，那样遇到的机会可能更多，也更好一些。人才济济，大多数人的素养都大同小异，只有抓住机遇，才能很好地展现自己的能力。

大城市还是小城市？这是一个问题

"我是留在机会较多但压力较大的一线城市，还是回去守着我的一亩三分地？"

"我是想尽办法进世界500强大公司，还是去找一家有发展前景的小公司？"

……

这类职业发展的问题，深深困扰着时下的年轻人。每年都有一批人喊着"我要逃离北上广深"，也有一批人喊着"我要逃离小城镇，去一线城市闯闯"。后来我们发现，那些要离开大城市的人，仍然留了下来；那些要离开小地方的人，也没能离开。

是去"北上广深"这种一线城市，还是去三四线城市，这本来就是一个主观选择题，没有标准答案。不论你是去大城市还是小城市，在大公司还是小公司，能找到你真正想要的，才是最重要的。

1.人们为什么迷恋"北上广深"

为什么有这么多人迷恋一线城市？大概是因为大城市的机会、资源多和环境较为公平吧。北上广深相当于中国的"中心"，按照"二八法则"来说，北上广深就是产出80%收益的那20%。

因为大城市各方面的发展比较完善，所以产业升级的需求最旺盛，会产生很多新的需求，职业的广度很大，很多三四线城市没有的职业，在这里都有。例如现代服务业、创新服务业目前主要集中在一线城市。所以，大城市有很多新兴的工作机会，不论你拥有十八般武艺的哪一种，在这里总能找到与你能力相匹配的工种。

机会多意味着可能性大。之所以感到迷茫，不就是怕今后的几十年过得都跟现在一样吗？我们害怕日子过得如同一潭死水，想让自己的人生有更多可能性，而一线城市就提供了这样的可能。它会让我们发现更大的可能性，增长更多的见识，我们获得的机会也更均等一些，只要勤奋学习往往就可以做成很多事情。

除此之外，对于年轻人来说，资源丰富也是北上广深的巨大吸引力。现在的一线城市基本涵盖了中国最好的教育、医疗、艺术、金融等资源，在这里发展更容易分享到这些资源。

2.人们为什么又想要逃离一线城市

那为什么许多人想要逃离呢？总逃不过这三个原因：空气质量、消费压力、居家安定。

空气质量和消费压力的因素是比较突出的，在大城市赚得多但开销也大，衣食住行的物价水平比三四线城市要高不少，每月薪资扣除生活成本后，余下的钱可能和三四线上班族的净收入相差无几。而且，远离家乡，独自一人在大城市奋斗，总觉得少了一些归属感，都市生活节奏快，人口流动性大，所以有时候大城市看起来没有温度。在偏理性的大城市，偏感性的你在华灯初上的时候看着车水马龙，可能会萌生"我并不属于这里"的感觉。嗯，这也是许多身在"北上广深"的上班族的共同感受。

3.你为什么要逃离小城市

三四线城市缺乏一线城市拥有的诸多好处——可能性锐减、职业种类单一、资源相对集中、收入水平偏低。其中最主要的就是薪资状况，小城市面临的消费压力的确小了，但收入压力也增大了。

我很喜欢职业生涯规划师古典对大小城市的比喻：他说大城市好比是一个大型网络联机游戏，彼此都不熟，大家公平竞争，有能力就能身居高位；小城市更像是一桌熟人的麻将局，互相赚点儿钱，但主要是为了乐呵乐呵。

4.符合你调性的，才是好选择

说到底，大城市和小城市没有绝对的好坏之分，主要还是要看你想要什么，明确了目标，然后再去做选择就好了。

当下的你，是想专注于事业的发展还是自我的成长？是想要宜居安乐还是简单从容？因为你想要的不同，所以适合你的城市就不一样。你想要在职业上有更多发展，那可能一线城市比较适合你；你想要生活安逸，那么成都、武汉、厦门这些城市会是个更适合你的好去处。

你明白了自己想要什么，就不会一味地想要逃离了。

5.大公司还是小公司，这是一个问题

选定了城市，现在来说说公司。不论是在大城市还是在小城市，都会有所谓的大公司和小公司。正如前面提到的，每个行业的发展都会历经初创期、成长期、成熟期及衰退期。不论是大公司还是小公司，都不能脱离这个发展周期。不论你是去大公司还是小公司，最好还是选择处于成长期的公司。

打个比方，你要去大公司的话，选择去滴滴、美团这样发展迅猛的公司可能会优于去一些老牌公司。因为处于成长期的公司，可以预见的发展空间会很大，你不至于一直充当螺丝钉的角色。

最佳的选择是到大公司的核心部门或新兴项目部门去，因为机会更多，发展前景也更大。就好比当年的微信或美团外卖，在公司业务迅速发展变化的过程中，你很可能被委以重任。

如果你要去小公司的话，也不是不可以，但在确定去之前要注意甄别。第一，还是要选择处于成长期的公司，只有顺应了发展趋势的企业，才可能做大做强；第二，可以看一下公司的融资经历，毕竟，经过专业投资公司调研、判断、尽职调查之后获得投资的项

目，会更靠谱一些。

总而言之，能进入处于成长期的知名公司最好，如果进不了，那去成长期的小公司也是个不错的选择。毕竟初入职场，只看重短期的薪资收益和福利待遇是相当短视的行为，不妨把目光放长远一点儿，看是否能有更多的发展可能性。

当然，如果你选择了处于其他发展阶段的企业，也不是不可以。路要怎么走，还是要看你的预期。还是那句话，选择没有对错，只要符合你的调性就好。

是不是只有大企业才有大前途?

之前网上有篇《大公司里的活死人》的文章，作者在文中说，时下大部分年轻人选择去大公司，他们这样做的原因是多种多样的，有的是为了大公司这个平台提供的更广阔的发展前景，有的是为了更好地提升自我，还有的只是贪图大公司安逸的工作环境。

作者在文章的结尾处说这种行为实际上是一种"自我催眠"，所有大公司都会缓慢走向衰亡，所谓"大公司必死"是这个世界上商业演化的必然。但是，许多人却忽略了另一个事实：在大公司衰落的过程中，身在大公司的员工大多也跟着渐渐"死"去，早已成了失去活力和想法的行尸走肉。

1.平台越大，竞争对手越多

我大学选择的专业是金融，班上八成以上的同学毕业后都进入了金融行业，而且基本都在大公司，都是我们叫得出名字的银行或保险公司。刚毕业不久，我和一个大学室友吃饭，我问她："为什么我觉得你们银行的柜员永远是年轻人？那些'老柜员'去哪儿了？就算升职也不可能所有的柜员都能升啊。"

我同学大概没想过这个问题，歪着头想了几秒钟，笑了："对啊，你没说我都没发现，那些人哪去了？现在在柜台的，确实都是跟我年纪差不多的，其他部门的老员工也不多啊。"

所谓的大公司，就像一个阶级固化的社会，很多人可以一直高高在上，更多的人都只能在基层中默默工作，很难看到上升的可能。换个角度说，身在大公司，你想要升职加薪，是要先做出一些比较突出的成绩，但平台越大，竞争的人也就越多，想要在人群中脱颖而出也不是一件容易的事。

2.平台越大，分工越细致

之前去巴厘岛旅行，在飞机上和邻座的一位美女聊天，她说她在上海的一家国企上班，这回请假出国旅行可是费了好大的劲儿才批下来的，因为她走了，她的工作就没人做了。这就有点儿像工厂流水线的工人，很清楚自己这一环节的零件要怎么组装，但怎么弄出一个完整的手机来就不知道了。大公司的员工也是这样，每个人只负责干好自己被要求做的工作，至于合众人之力能不能做出满意的结果，那就不是员工关心的事了。

遥想当年，作为手机行业龙头企业的摩托罗拉，在衰落之后，开始在全球范围内大量裁员，那些下岗的员工一时间竟找不到新的工作。有人不禁疑惑，曾经在摩托罗拉这样的大公司工作过，其他公司难道不应该抢着要吗？

　　还真不是！因为原先摩托罗拉的员工所负责的工作就仅仅是某一个环节，除此之外，他们都不了解，也不需要了解。即便他们原先有其他的技能，在日复一日的工作中也渐渐生疏了。而市场上其他公司的岗位要求则不是这样，他们要求你掌握的技能越多越好。于是，对于那些下岗的员工来说，符合自己期望的公司不要，愿意要自己的公司，自己又看不上，就陷入了一种很尴尬的境地。

　　站在公司的角度看，大公司必须要分工细致，这样他们才好做到流程控制和权利监管。分工越细致，员工的权利就越分散，领导就越好统一管理。但在我们享受细致分工带来的好处时，也应该想到我们逐渐单一化的技能。

3.既然大公司有这么多弊端，那是不是我们就不能去了呢？

　　大公司虽然容易让人安于现状，但也有好的地方。比如，首先大公司的格局、视野这些都是有益于员工个人成长的，尤其是对于那些刚走出学校步入社会的职场新人；其次，有大公司品牌的加持，所做的事放在大平台上，成果会被放大，能被更多人使用和看到；最后，你不得不承认，大公司的薪酬福利体系确实比较完善，薪水发放及时，奖惩制度分明。

　　所以，如果你还是一名初入职场的新人，我觉得可以先到发展势头迅猛的大公司去，多向那些成熟而有经验的人学习，等积累了一定的能力和资源，再去新兴公司施展自己的抱负，综合收益会更高一些。但是，对于那些渴望快速成长并有较强能力的人来说，直接去一家优秀的新兴公司或许进步得更快。

所以到底是去大公司还是小公司，并不能一概而论，而是要依据你的职业发展目标、现实情况以及你的能力来决定。

Part 2

提高软技能，开启个性化求职之路

第一份工作究竟有多重要?

1.

最近，和之前的一个同事吃饭，她说了很多我离职后公司里的事情，还提到她今年劳动合同到期，公司多半不会和她续签的事。

"那你是怎么打算的?"我问。

"再看吧，等结果出来了再说。就算被辞退了，好歹也有补偿金。"

"那你最近有没有找找新工作?"

她张了张口想说什么，后来叹了口气说："我一毕业就在这家公司干，已经习惯这家公司的工作方式了，去其他公司，我肯定会不适应的。每天打卡、准点上下班的工作我没法干。"说完，她又停顿了几秒钟，"而且，我也不知道我能干什么。所以，再说吧!"

我的这位前同事做的是行政后勤的工作。她主要的工作内容就是每天早上负责电视会议的开机调试、点名签到、打印资料以及通知领导参加会议等，非常清闲。而且，这家公司平时不打卡，正常

8点上班，6点下班，她总是9点才到公司，4点就下班。

她当初一毕业就托了一些关系进入这家单位，然后慢慢从一线调到行政后勤，虽然是劳务派遣制，但在她的家人亲戚眼中，这样的工作对一个女生来说是个不错的选择。单位发展稳定且名声在外，工作又清闲，几乎没有人想过在劳务派遣合同到期后她要怎么办。

先撇开她的工作能力不谈，此时一想到大多数公司需要打卡，迟到早退还要扣钱，她就大喊不习惯。这让我明确意识到，第一份工作或是第一家任职的公司对于一个人的影响是重大而深远的。

2.

请你记住，毕业后一定要选择一家有竞争力的公司，不要一开始就追求平稳，第一家公司能给你一个清晰的职业认知。有的企业，特别是央企、国企，因为薪酬福利待遇非常完善、员工众多，所以每个人几乎都成了企业的螺丝钉，做着一定范围内的工作，享受着还不错的薪酬福利，他们的命运和企业的发展牢牢地绑在一起。企业发展得好，他们的日子就过得滋润；就算企业发展得不好，只要不裁员，似乎也还过得去。

我在毕业后兜兜转转，在不少大企业工作过，认识了不少过一天是一天的员工。我发现这些人特别容易"激奋"，一群人围在一起闲聊，很容易就得出"这个行业已经不再如日中天了"的结论，达成"还是早点儿转行的好"的共识。但眼看着自己单位的效益越来越差，却不见有谁真正采取行动，转行去干别的。他们只会在嘴上抱怨，因为他们已经习惯了现在的工作方式，享受安逸惯了，无法再回到竞技场了。

这就像在牢笼里生活久了的小鸟，一旦被放归自然，它的生命力就会显得特别脆弱，很容易就死掉了。

3.

在温室待久了，容易变得娇弱，我也有过一段这样的时光。我曾经对别人说："这个企业真的非常适合养老。上班时间短，环境自由，压力不大，这样生活到40多岁，我就不会想着走了。"

当时的我才20多岁，当发觉自己如果想要有所成长，获得更多的发展机会，应该去做些更具挑战性的工作时，我依然对现在这份工作恋恋不舍，这时我才发觉现在的工作环境对我的影响有多大。

最后，我还是选择离开了。因为我知道，如果我现在不走，可能就再也走不掉了。成了家、有了孩子，再走就更难了。如果不走，我的职业生涯就可以清晰得一眼望到头——按照储备干部培养路线，一步步走，等到40岁的时候成为一个部门的领导，直到退休，仅此而已。

也是这样一段不长的经历，让我彻底明白在找工作的时候，千万不要把"钱多事少离家近"作为唯一的目标。一旦你把这个作为终极目标，当你今后出现茫然失措的状况时，就要明白，这一切的结果，在你当初作出这个选择的时候，就已经决定了。

4.

"前无堵截、后无追兵"是很危险的，因为你会安逸地待在舒适的环境中，在舒适圈里忘了要前进。当你遇见一个更好的发展机会时，你会犹豫，你不知道自己是否拥有那个能力，你不知道自己是否能胜任，担心万一失败了又没有退路怎么办。最后想想，还是继续得过且过，用"现在这样挺好"的想法来安慰自己，然后继续留在现在的单位。

所以，别在一开始就选择一家安逸的公司。这些公司虽然不错，却不太适合二十几岁的你，别让那些单调乏味的工作消磨了你往前闯的拼劲。倘若你已经身处这样的公司，只要你还年轻，又不甘心于此，就应该勇于跳出你的舒适圈。别担心有了KPI（关键绩效指标法）或是任务量之后，自己是否能适应。先果断地挥起鞭子，迫使自己迈出改变的第一步。不逼自己一把，你根本不知道自己的能量有多大。这个世界每天都在发生改变，你原地不动，就是退步，要让自己成为对未来有准备的人。

在伯克希尔·哈撒韦公司的一次年会上，沃伦·巴菲特说："你能做的最重要的投资是投资你自己。很少有人的潜力和自己现实生活中的产出相匹配，对于很多人来说，他的潜力要超出现实。"

所以，你完全可以做得更好，就看你是否愿意主动走入竞技场。

非名校出身，靠什么实现快速成长

1.

我大学学的是金融，但当大二结束后，我确定自己不喜欢和数字打交道，我想要做文字方面的工作。于是，在大三的暑假，我就主动去寻找编辑岗位的实习工作。当时的我没有任何经验，专业也不对口，唯一有点儿相关的就是我获得过校征文比赛的二等奖，但神奇的是，我只给三家公司投了简历，就通过了其中一家的简历筛选，进入了面试。

当我在面试时做完自我介绍，坐在我对面的三位面试官沉默了。过了一会儿，坐在最左边的面试官说："你学的是金融专业，之前也没有任何编辑相关的实习经历，你为什么突然想做编辑？"

"因为我从小就很喜欢文字，也写过一些东西，在××发表过文章，在××比赛中得了××奖，我相信我可以做到的。"

"但你没有任何经验，也没学过编辑相关的知识，我看不到你能胜任这份工作的可能性。"

"我虽然专业不对口，也没相关经验，但我有非常浓厚的兴趣和热情。兴趣是最好的老师，不是吗？"

这是我第一次参加面试，现在回过头来看我当时的回答，简直不忍直视。

果不其然，我的这番话并没有得到面试官的认可，"只有兴趣是不够的，你不能证明你有这个能力，我们凭什么要你呢？"

当时的我有点儿气愤，话也说不出来，面试官也不再说话。我们就这么沉默了大约半分钟，然后刚才那位面试官说了句："面试就到这里吧，你可以出去了。"我道过谢，站起身。面试官这时拿起了我的简历，"对了，你简历做得这么精美，你还是带走吧。"

当时我就知道，我是彻底没戏了。踩着新买的还有些磨脚的黑色高跟鞋下了电梯，走出大楼的时候，我终于受不了了。连忙走到一个不起眼的角落，脱下高跟鞋，拿出包里的平底鞋换上。但即便穿上了平底鞋，脚上被高跟鞋磨得发红的印记还是清晰可见。

我走了很长的一段路才到公交车站，又等了很长时间才等到公交车，坐了一个半小时的车回到了家里。我就像是个满心欢喜的孩子，走到原以为会给我糖果的大人面前。然而，不止没有糖果，换来的还有大人的不满与呵斥。

2.

大学毕业典礼的第二天，当整晚都在狂欢的室友回到寝室的时候，我已经起床洗漱了，因为这一天，我要去电视台报道。

　　从被传媒公司主管嗤之以鼻到我成功拿到电视台的录用通知，我花了一年多的时间。这一年多的时间里，我加入了校报记者团，从采访写稿开始，对照着招聘启事的要求一条条去锻炼自己的相关能力，一直到给《中国青年报》供稿，写的文章被三本书收录，再到取得了三家新闻传媒行业的录用通知，我从没有忘记当初那位面试官的话。可能是不甘心，也可能是想证明自己可以，所以你说我没经验，那么我就让自己变得有经验，就是攒着这么一股劲，最终我做到了。

3.

　　如果说，我最后得到了梦想的工作，是我不断瞄准靶心、提升能力、积攒经验的长期结果。那么，下面这个故事或许会带给你不一样的感受。

　　柚子突然想去旅游行业发展，但投了很多简历都石沉大海。专业不对口，又没有相关的工作经验，突然跳转到一个陌生的行业，失败率自然是很高的。但仅仅在一个月后，她就去了想去的公司，做了想做的工作。她是怎么做到的呢？就做了4件事而已。

　　第一件事，柚子不再广撒网，而是上网查询中国有哪些一流的旅游公司，并从中选定一家看起来很有发展前景的作为自己唯一的求职目标。

　　第二件事，查询这家公司最近3个月的招聘启事，搞清楚这家公司的办公地址。接着，看看这家公司哪个部门在大规模的招聘？

这个部门又有什么特点？部门负责人是谁？

第三件事，选定某个旅游业发展良好的国家，查询前三名的旅行公司，找到它们旅游服务项目的信息和资料，和想要应聘的这家公司的项目进行详细对比，并结合个人观点，写一篇1000~2000字的分析报告。

第四件事，把这篇分析报告打印出来，带上简历，亲自到想应聘的公司去，把它亲手交给想就职的部门的经理。

完成第四件事时自然有些不太顺利，首先前台一再说"我帮您转交"，但柚子坚持要自己亲手转交。最后，她亲手把报告交给了部门经理。部门经理在看到她写的分析报告后，眼前一亮。后来，部门经理主动约谈了柚子，并最终把她招进了自己的部门。

4.

有一句很多人知晓的"鸡汤"，当你全力以赴做一件事的时候，你会发现全世界都会为你让路。虽是"鸡汤"，但也有些道理。自从我做职业咨询开始，我发现不少人在抱怨，想要做什么工作，但是因为没经验，始终没人愿意给机会。在我看来，很大程度上，是自己行动的意愿不够强烈。

没有经验，那就跟我一样，憋着一股劲儿去积攒经验。如果你已经参加工作了，可以利用下班后和周末的时间，提升你的能力，换取相关的工作经验。我就认识一位程序员，喜欢文化娱乐行业，所以每个周末都在某个剧场做幕后工作，以此来积攒经验；我也认识一位普通文员，想要转行做策划工作，所以到某个公益组织做策划岗位的志愿工作。

这些都是途径，都是方法，就看你愿不愿意在前期做些没有收益的投入。如果你觉得这种"循序渐进"的方式不适合你，那你可以参照柚子的做法，抛开传统的求职方式，把主动性掌握在自己手里，给他人和自己一个机会——瞄准一个目标，用最大的可能去了解你想要应聘的行业及岗位，接着用最大的主动性去求职。你要想在战略上打败别人，就要在最关键的地方投入最多的兵力。

你有想要从事的工作，那必须要恭喜你，因为很多人连自己喜欢什么样的工作都还没搞清楚。但有梦想的工作并没那么可贵，更可贵的是你用尽全力去证明这份工作确实是你的理想，如果你连这点儿努力都不愿做的话，我真的很难相信你梦想工作的存在意义。毕竟，用心求职的人太多了。在简历筛选、面试约谈的时候，是否用心、是否真心想拿到录用通知，人事经理一下就可以看明白。

别让你梦想的工作配不上梦想这两个字。

想要命中"靶心"，关键是提高软技能

每年"毕业季"的时候，都会看到关于毕业生就业难的新闻。毕业生数量和企业空缺职位供过于求的关系似乎是最主要的原因，但实际上我们只要抓住求职的关键点，就能大大提高命中率，这个关键点就是软技能。

何谓软技能，网上的解释是"激活人资的能力，即调动别人的资源和知识的能力以及调动自己的知识进行创造性思维的能力"。这个解释太专业化，我个人认为软技能多半就是可迁移的能力，这种能力将会成为未来职场人士的核心竞争力。

首先，我们来看一则招聘启事的职位要求：

1. 对市场营销工作有一定认识；

2. 有较强的市场感知能力，能敏锐地把握市场动态、市场方向；

3. 负责公司的市场拓展、活动策划和文案策划工作，挖掘新的市场机会，促进销售目标的实现；

4.出色的人际沟通能力、团队建设能力、组织开拓能力；

5.深入分析渠道和客户特征，有针对性地提出、提升方案；

6.新市场、新机会可行性研究、探索和跟进，包括新老客户的市场拓展；

7.配合其他部门的相关工作；

8.责任心强，工作态度积极乐观，能承受一定工作压力。

这是某企业的市场部招聘启事，它列了8条对应聘者的要求，总结起来只有三个方面：知识、技能、才干。比如，"对市场营销工作有一定认识"就属于知识范畴，这个职位可能希望你是市场营销专业的学生或从事过相关工作或研读过不少这类知识，看起来有颇多限制，但实际上它是比较容易补习的，你可以通过相关书籍、培训班、网站等渠道学习了解。

才干指的就是应聘者应该具备的责任心、耐心、冲劲等品质，属于比较抽象的范畴，通过简历或一场面试是很难全面而准确评估的。因此，技能就显得尤为重要。大部分招聘单位都在招聘启事中注明求职者要有相关的工作经验，就是要求前来应聘的人要有相关的技能。但这并不是说，你没从事过相关工作，就找不到心仪的工作了，因为有很多软技能，也就是可迁移技能供你使用。

还是看以上这则招聘启事，其中，第3条到第7条都属于技能范畴，超过了岗位要求的一半，可见技能如何，是企业很看重的一个指标。现在我们来认真分析下这几条要求，比如，第3条代表的技能是组织开拓能力和策划能力；第4条要求你要有人际沟通能力；第5条则是希望你有分析整合能力；第6条是说你要有可行性分析能力；第7条则是团队协作能力。而这些能力都属于软技能的范畴，基本上每个公司在招人的时候都需要求职者具备这些能力。

也就是说，不管你找什么岗位，公司都很看重软技能（可迁移技能），除了上面提到的这些软技能，他们当然还会希望你有时间管理能力、计算机能力、外语能力、适应能力、目标导向能力、创造能力等等。

假设你是应届毕业生，在校期间曾经做过学生会某部门的干事，组织过大型活动，那么你就很可能被认为拥有了组织开拓能力、团队协作能力、人际沟通能力；如果你在社团活动中有过拉赞助的经历，那就证明你有市场开拓能力。简单来说，我们每一个人都有某些软技能，最重要的是我们要善于自我发现，然后把这些能力运用到需要的地方。

如果你正在求职，你要做的应该是认真阅读心仪公司的招聘启事，把其中的每条要求转化成具体的知识、才干和技能要求，看看自己有哪些相符，或者有哪些经历可以证明你具备这些能力。然后把这些技能用简练的文字写入你的简历，让公司的HR一眼就明白你和他们想找的人是匹配的。

如果你还在上学，为了毕业后求职顺利，可以现在就到各个招聘网站查询你想要就职的行业或岗位，看看它们有怎样的要求，然后把这些要求转化为相应的知识、才干、技能的要求，有针对性地进行提高。只要能持之以恒地做下去，在你大四毕业那年，你的求职道路会比他人顺利得多。

有人说，未来职场的核心竞争力有三种，分别是终生学习能力、整合能力和翻译能力。终生学习能力很好理解，就不过多阐述了；而整合能力主要考验的是在信息碎片化、多样化的今天，你能不能快速从海量知识库里找出你需要的，并把它梳理转化成你的东西；翻译能力并不单纯指语言翻译，更多的是指你是否能将信息或知识转化成正确的含义，也就是这个信息和知识被你接收、转化和接受的能力。

所以，在我们努力提升相关技能的同时，我们可以着重磨炼自己的终生学习能力、整合能力和翻译能力，让我们的技能更为强大，能以不变应万变。

名企offer不会从天而降

迷茫似乎成了时下年轻人的主旋律，而最让人迷茫的事，大概就是职业选择了。我正在读大三的表妹，现在就很担心未来找不到好工作；和我年纪相仿的同学，正准备跳槽，却不知道要跳到哪个行业去；长我二十多岁的叔叔，事业发展遇到了瓶颈，想转型却觉得自己年纪大已经跟不上时代了，不知道该怎么办。

不同的年龄对职业有不同的烦恼，但无非就是"做什么"和"去哪儿做"的问题。说来简单，要找到方向可不简单。但你有没有想过，可能是我们沉浸在职场负能量中太深、太久了，因此忽略了一些实际上很明了的事实。

首先，很多人对目前所在的公司感到不满。

让我来猜猜你感到不满的原因是什么？我想，对公司不满意的地方应该有很多，但大概就是行业或岗位发展前景不佳、人际关系错综复杂、上司领导力不够、自身做的工作不能完全体现你的价值、薪酬福利与你的付出不太对等这些问题。这些原因是否符合你的情况呢？我找了一些人试验了一下，你猜怎么着？我虽然不知道这些人具体是做什么的，但我把这些理由一说出来，大部分人都说："没错！就是这样！"

所谓的理想工作，全是自己头脑中的幻想。就好像追一个姑娘，在追到之前觉得对方什么都好，追到之后才发现原来她也有这样那样的缺点。所以，你一开始是为了什么进入这家公司的呢？试着找找你的初心，有可能你只是因为距离太近而产生了倦怠，这份工作还是很适合你的。

其次，你羡慕的工作你真的做得来吗？

如果你寻找初心失败，还是觉得有必要换工作。那么你想换成什么工作呢？假设你真的换成了想换的工作，你觉得你能胜任吗？通过这样切身的设想，你可能会发现很多问题。假如你有个同学是电视台的记者，你看她常在朋友圈发一些和名人的合照，每周在电视上还露几次脸，你觉得这份工作太棒了。但是"工作对调"后，你会发现，你不太会写稿子，一面对镜头就不会说话，甚至面对电脑戴着耳机打个场记你都要疯了。所以，你羡慕的工作有可能只是你的美好想象，它和你的能力并不相符。

再次，与其抱怨工资低，不如去提升自己的价值。

你现在的工资是多少？你觉得你应该拿多少工资？假如你现阶段的月薪是4000元，但你认为你应该拿7000元。那么，你可以回想一下，在你所在的公司，月薪能拿到7000元的岗位需要做什么？这些你都做得来吗？如果不能，你可以思考一下，自己要怎样做才能胜任那个岗位的工作：转岗？考证？还是凭工龄？

如果你还是没头绪，请打开招聘网站，在里面输入你想从事的岗位和想要的薪酬，看看愿意给出这个价位的企业对这个岗位的具体要求有哪些？而你和这些要求的差距在哪里？然后有针对性地提升相关的能力。这个方法特别管用，我在大三的时候就是这么干的。我们先不谈公司是否亏待了你，但你要想升职加薪，除了耗工龄这种消极的方法外，主动去提高自己的价值，才是最正确的方式。

最后，世界变化很快，但你可以先把现在做好。

很多人有点儿过分未雨绸缪，总是在担忧5年后的自己会被同龄人落下，10年之后自己的工作是不是没有竞争力了。虽然目光长远是好事，但有时过分焦虑反而会适得其反。

你或许会觉得自己只是一名普通文员，肯定会焦虑的。但焦虑并不能解决实际的问题，我觉得越是简单的工作，其实越难做好。因为门槛太低，所以大家基本就求个完成，鲜少有人会追求最好。如果你反其道行之，把它做到最好呢？我相信，你一定会引起大家的注意，相较于他人，大家更愿意给你提升的机会。

任何一种职业，都有做得出色的人，也有混日子的人。也许行业趋势、企业命运，并非你我这样的个体可以把控的，但是到底是选择做得出色还是得过且过，这完全取决于我们自己。趋势重要，风口重要，个人更重要。在职场上，不要想得太多。与其花费精力想那么多，不如付诸行动，有行动才有改变，有改变才有可能。

80%的选择烦恼，这样做都能轻松摆脱

1.

许多人很容易陷入纠结的状态。比如前阵子，有人在网上问我，是做新媒体运营好还是做文案好？今年高考结束后，我的表妹问我，是报考教育专业好还是金融专业好？这让我想起前段时间在网上看到的一个段子，如果高晓松和吴亦凡同时追求你，只能选一个，你会选谁？

我发现，认知越肤浅的人越容易纠结。好比我认识的七大姑八大姨，最常说的就是，"哎呀，当初选错了——嫁人的时候选错了、事业方向选错了、小孩上学的学校选错了、孩子大学的专业选错了、媳妇或女婿选错了……"

"如果当初我跟 ×× 结婚就好了，人家当初穷小子一个，现在了不得了！"

"如果他当初选择传媒专业就好了，这样他的特长才能发挥出来啊。"

"早知道当时在××处买房子就好了，买了下半辈子就不用愁了！"

但倘若可以重新来过，你觉得他们会选对吗？不一定！选择这件事，永远不能以"后见之明"来看。好比同一件衣服，挂在橱窗里或被你买回来放在衣柜里，你对它的评价是不同的。不属于你的时候，你觉得它很好，一旦拥有了可能就觉得没那么好了。

就像张爱玲说的，娶了红玫瑰，久而久之，红的变了墙上的一抹蚊子血，白的还是"床前明月光"；娶了白玫瑰，白的便是衣服上的一粒饭粘子，红的却是心口上的一颗朱砂痣。所以，一旦你选择了A，并知道选择的后果，再去看B，大多时候会觉得隐藏在B后面的结果要好过A。

2.

用选择的"后见之明"来看待当初的选择，对选择本身是极不公平的，对于人生也毫无意义。只有在面临两个甚至多个选择时，翻来覆去地想，才有价值意义。可是，大多数人的问题，并不是真的做了不明智的选择，而是习惯把所有现在的不顺或困难归结于当初的选择。

没嫁给当年那个穷小子的阿姨，现在过得其实也不错，只是在丈夫生意不顺时，得知了初恋男友已经身价上亿了，于是把自己目前的困境推给了当初的选择。

现在在事业单位上班的儿子过着得过且过的生活，薪水微薄。身为母亲就觉得是他当初选专业时选错了，如果选择一个能发挥他长处的专业，做着对口的工作，不至于落到这样的境地。但她忘记了，薪水不高跟当初志愿选择错误真的有因果关系吗？许多人没有从事专业对口的工作，依然能在职场风生水起。

我们越是把所有的问题转嫁给选择，在做选择的时候就越困难。在选择之后，也越有可能出现"我选错了，好后悔"的感觉。关心则乱，对选择也是这样。当我们过度关注一个问题时，视野就会受到限制，陷入"非此即彼"的二元对立模式，即选了这个，得到不好的结果，那么另一个选择肯定好。这其实是一种"选择狭隘"，是人为地给自己设置选项限制。

3.

纠结的人，怕的不仅是选择，更怕选错。但实际上，总以马后炮的心态来看之前的选择，你会发现，之前的选择都是错的。想要让自己逃离选择纠结症，首先要做的就是正视选择。

人之所以在两个或多个选择之间摇摆不定，是因为选择的影响因素众多，互有利弊。就好比女生找男朋友，一个是你喜欢的，为人成熟、稳重、体贴，但经济条件不佳；一个经济实力雄厚，但你对他无感。这时候，选择纠结症就来了，要选哪个呢？

很多人向我抛出一些职业选择的问题，我通常都会问："你到底想要什么？"其实不仅是职业选择，任何一个选择都一样，现在的你最想要什么决定了哪个选择对现在的你最好。

在知名外企做过咨询顾问的缪志聪老师曾提到一个更好做出选

择的理性方法，个人觉得很实用，在此分享给大家。

首先，要搞清你究竟想要什么。你在面对选择的时候，可以悉数写下你选择的标准，如果你要选择的是工作方向，那就把你想要从事的工作的标准一条条列出来，想到什么就写什么。待全部写完后，再从中选择最重要的3—7条即可。

接着，比照着你现在面对的选择，写出它们的实际情况。为了更好地理解，我举个例子，如果你选择工作的标准是"钱多事少离家近"，而现在有两份工作可供你选择。

诉求	工作A	工作B
钱多	月薪7000	月薪3000
事少	需要频繁出差、加班	天天坐办公室
离家近	地铁+步行，一小时抵达	步行10分钟抵达

你需要从中选出你觉得最重要的标准。假设"钱多"是你最看重的标准，那么很显然，工作A更符合你的期待。但工作A需要频繁地出差和加班。如果你愿意以降低工资为代价减少加班和出差的频繁程度，你愿意把"钱多"这个标准降到什么程度呢？假设你愿意降到6000元，也就是如果工作A不需要那么频繁地出差、加班，一个月给你6000元，你也愿意干。

再接着往下对比第三个标准，工作A离家远，若假设它可以变得离家近，你又愿意拿薪资的多少来换？假设你愿意用薪资下降1000元来换"离家近"，那这时你能接受的月薪就是5000元了。

当每条标准都对比过之后，你再看你最在乎的"钱多"这个标准，这时，这张表实际上就变成了这个样子。

	工作A	工作B
钱多	月薪5000	月薪3000

也就是说，在"事少离家近"一样的条件下，调整后的工作A仍然更符合你的要求，那么你就可以选择工作A了。

总结一下，这个方法就是列出你期望的标准，把目前的选择和标准进行匹配，选出最重要的那条标准。其他的标准比照最重要的标准进行调整，全部调整完毕，再看看最重要的那条标准，就可以做出选择了。

可能你会觉得上面的案例太过理想化了，现实中的情况总是复杂的，但它们的道理是一样的，在选择时正确看待选择，会让你减少后悔的概率。

4.

当然，很多时候，我们面临的选择并没有"非此即彼"。多数人之所以会陷入选择纠结症，是因为他们只看到了两个选项，而忽略了其他可能性。实际上，在选择的困境里，你有很多"第三个选择"。就像困扰很多人的"是去大城市还是回老家"的问题一样，难道只有去大城市和回老家两个选项吗？你完全可以有个C计划。

我认识一位1993年出生的男生，他在面对"是去大城市还是回老家"这个问题时，毅然决然地去了上海，在那里打拼几年，开拓了自己的鲜花销售渠道。之后，他回到老家，承包了十几亩农田种花，然后通过自己在上海的销售渠道把老家的花卖到了上海，现在过着很好的生活。因此，在做选择的时候，不妨问问自己，难道我只这两个选择吗？我有没有自己的C计划呢？

别去想那么多"早知道"和"如果"，认真对待每一次选择。选好了，并给自己留下了退路，那就努力让你所选的选择变成正确的那个。因为选择只是一个开始，选择之后如何去做，才是最关键的。

Part 3
重视简历，那是你初入职场的门面

摸清HR的心意，才能"对症下药"

　　当我们确定自己的职业定位后，就可以着手制作简历了。但先别急着打开电脑，在制作简历之前，先要想清楚你做简历的目的是什么？你做简历是要给谁看呢？你肯定会觉得这还用问吗？做简历就是为了找到心仪的工作，简历当然是给HR或者老板看的了。

　　完全正确！实际上，在制作简历前，如此的"自问自答"必不可少。在真正动手前，再次告诉自己你的简历是给HR甚至老板看的，你的目标是找到心仪的工作，这对我们制作出符合用人公司期望的简历是大有助益的。

　　然而在现实生活中，有不少人，尤其是应届毕业生，却在制作简历时只是从网上下载模板，像填表一样往里面填信息，这种做法是非常糟糕的。我们要在有限的篇幅里（1~2页的A4纸），用简历上的信息来快速吸引HR的注意。所以，最好是站在HR的角度来制作简历，才会增加你进入面试的概率。

　　那用人公司或是HR究竟想通过你的简历，知道一些什么信息呢？

1.你是谁

你必须用必要且简练的描述让大家知道你究竟是谁。因此，你需要提供姓名、出生年月、性别等基本信息，其中最重要的是一定要记得留下你的联系方式，以手机号为佳。

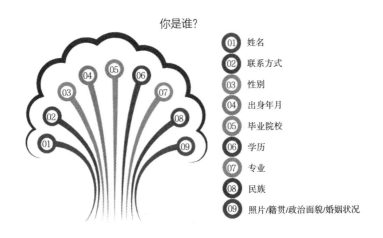

你是谁？

01 姓名
02 联系方式
03 性别
04 出身年月
05 毕业院校
06 学历
07 专业
08 民族
09 照片/籍贯/政治面貌/婚姻状况

2.你是我们要找的人吗

对于这个问题的回答，就是你简历的核心内容了。那HR怎么衡量你是否是我们要找的人呢？很简单，就是岗位匹配度。招聘时，HR一般会在各类求职网站上挂出职位的要求或任职资格，你简历里面陈列的条目和这些要求越符合，你就越容易"中标"。

因此，我们应该要先明确求职意向，即你是来应聘什么岗位的。因为一家公司进行招聘的时候，往往是同时招N个岗位的员工，如果你的简历里通篇都没写你应聘的是什么岗位，这就很成问题，HR往往没有耐心根据你的简历信息去作判断。但在现实生活中，我见过不少人简历里头根本不写想要应聘的职位。

同时需要注意的是，不要"一投多岗"，而应该"一岗多投"。就算这个公司有两个职责要求非常相近的岗位，而你对这两个职位都有意向，也最好选择一个投递简历。因为你现在不做选择，等到面试环节，他们也会让你做一个选择。何必现在多填一个，增加简历被删除的风险呢？

这就好比有两个助理岗位，一个是总经理助理，一个是商务助理。在招聘启事上，这两个岗位的要求看起来似乎差不多，但很明显总经理助理的级别要比商务助理高，所以，如果你没太大把握，最好还是选择商务助理的职位进行简历投递，反之则可以选择总经理助理，有针对性地投递简历可以增加你的命中率。

3.怎么证明你符合我的要求

个人认为，一份简历的好坏，最大的区别就在这个部分了。因为这个部分需要写上教育经历、工作经历、个人技能、其他成绩等内容。而这些内容应当与应聘岗位的职位需求相匹配，也就是说用人单位要什么，我们就要给什么。

这里就需要你做好职位定位，查看招聘启事，认真解读岗位要求，其次要做好职位分析，也就是对照着每一条要求，把自己符合的罗列出来，再做下整理，言简意赅地写在简历上。

4.为什么一定是你

当HR浏览简历时，如果发现你投递的简历与大多数人的差不多，很可能会因为千篇一律而筛掉你，这时候，如果你的简历上能有一两个亮点，你就能迅速脱颖而出。亮点不完全等同于优点，而是指区别于他人用以说明自己更适合这个岗位的特点。

比如你应聘的职位是档案管理员，如果你在个人评价里能说明你在平时生活里也是个很好的整理收纳者，或是提及你有点儿强迫症，这会让你的简历更契合这个岗位的要求。

要知道在招聘旺季，也就是每年春节后的3~4月，HR要面对的是海量的简历，他们浏览一份简历一般只会花费30~120秒的时间，所以，制作一份在120秒内能成功吸引用人单位的简历，才是你要做的。

以上这四点就是HR在浏览简历时最想要知道的信息，所以我们在开始制作简历时，应该时刻注意你的简历是否包括了以上这些内容。

99%的简历活不过10秒，都是这个原因

前几天，我有个很好的朋友要跨行业换工作，所以一个劲儿地问我要怎么做简历。

我感到不解："你大学毕业的简历呢？"

"早就删掉了，留着干什么？反正都是从网上找个表格，填了就完事儿了，再找工作就再填呗！"

"别找模板！你以为是在填面试单位的应聘表啊，而且什么叫填完就完事儿了？简历是要适时修改的，哪有手握一份简历走遍所有行业的道理？"

我朋友被我说得一愣一愣的，最后撇了撇嘴，用贱贱的语气说："那你的简历做得有多好啊？"

"我也没做多好，"我用肩膀碰了碰她，故意说："但是省人才市场的人看过我的简历，说我做的简历堪称范本。"

听到这话，她立马嬉皮笑脸地说："那你大人不计小人过，教教我呗！"

简历制作时，有不少极容易被忽略的细节，现在，我们来把它们一一搞定吧！

1.千万别用网上随手找的模板

估计只这一点就让很多人"中枪"了。我大四求职的时候，身边很多同学都是直接从网上扒模板，稍微细心一点儿的，会根据自身的实际情况做一些修改。但在现实生活中，我很少看到有人会自己打开Word，认认真真做简历的。

因为网上的模板大同小异，所以如果你的简历上没有足够让人注目的经历或成绩，那么HR浏览数量庞大的简历时，很容易就把它筛掉了。一份简历不要求做得多么漂亮，但是太过千篇一律就不好了。这时候，你的简历如果并没能做到与众不同，自然会让人眼前一亮，进而脱颖而出。

需要注意的是，好的模板当然可以借鉴，但请不要照搬照抄。

2.简历开头请直接写你的姓名

我看过很多人的简历，简历一打开映入眼帘的就是个人简历或简历几个大字。但是，你不写个人简历或简历几个字，大家就不知道这是简历了吗？所以正确的方式是写上你的姓名，并在下一行直接写下你的联系方式。因为HR看完一份简历后，如果对你表示满意，肯定要找你的姓名和联系方式，把它放在最显眼的地方，自然最有利于HR进行信息寻找。

林小白

TEL：159xxxxxxxx　　E-mail：1234567890163.com

3. 基本信息简单明了，无需过多信息

在现实生活中，我看到很多人简历里的基本信息多而无用：身高、体重、健康状况、兴趣爱好、户口所在地、目前居住地等等。其实不用写这么多，就写几个用人单位应该知道的事项就好了，比如姓名、性别、出生年月、民族、毕业院校、学历、专业等。

如果你应聘的是国企，那么请加上籍贯和政治面貌；如果是应聘外企，可以写明自己的外语水平及相关证明。另外，如果有用人单位在招聘启事上明确注明要已婚的，而你符合条件，那么在简历中也可以注明已婚。

同时，可以附上电子版的一寸彩照，个人照片是一个很关键的信息，但如果想让这个项目成为加分项而非减分项，那你一定要保证你放的照片背景干净、人物亲和、看起来很专业。如果不能做到这些的话，那照片可以不放，尤其是一些技术类的岗位，有没有照片并不太重要。

需要注意的是，这个照片最好别用自拍的照片，请去正规照相馆拍正规的证件照。现在越来越多的摄影棚为拍出好看的证件照，会专门给顾客准备衣服并化妆，总之服务很周到，最后拍出来的照片会显得你很精神，也很职业。

4.个人信息之后，请立马写上求职意向

好多人的简历，通篇看下来我都不知道他要应聘什么职位。特别是很多高校的毕业生，因为在校经历都差不多，简历用的还是网上的模板，从简历上看，真的无法立刻做出判断。

所以，一定要在你的简历上标明你的求职意向。如果你应聘的公司在多个地点设有分公司，那么请你应聘的时候应该写清楚应聘的是哪个地区的哪个岗位，并且最好将其加粗或变色以突出显示。

求职目标

品牌推广（上海）

5.展现自我的内容，要翔实有数据

我大学毕业求职时，见过好多人喜欢把自己初中到大学的教育经历罗列一遍，还有把大学所学课程通通列出来。实话说，看到这样的简历，我会头疼。其实大部分人做简历时常犯的错误是一样的，就是写了太多没用的信息。

我个人以为，简历中展现自我的内容只要涵盖以下几个方面就好：学习成绩（奖学金）、校内经历（学生会、社团）、个人技能（证书）、校外/实习经历（校外实践、实习、暑期支教等）、其他成绩（不属于上述分类的成绩或成果）。如果是有多年工作经验的人，那么就不要写学习和教育经历了，直接在个人信息里写明毕业院校和学历就好。

以下分条叙述其中的重点内容：

（1）上述项目应根据个人的实际情况进行增减。比如同学A学习成绩不好，有过挂科、补考甚至重修的经历，那么他就最好不要在简历中专门列出一栏写自己的学习经历，他只要在个人的基本信息里注明学校和专业就可以了；如果他学业不好是因为在校外创办了自己的工作室，就可以花大功夫写这个部分。总而言之，你哪里出彩，就突出哪些信息，哪里特别薄弱就少写。

（2）写这些内容时要做到文字简练、重点突出。冗长的叙述很容易让人抓不到重点，一定要做到内容简练，有需要强调的内容可以加粗表示，但一定要避免全部加粗的做法。

（3）校内外的经历或工作经验应做到详略得当，并按从近到远的顺序罗列。实习/工作经历要写明起止时间、所在社团/公司、所任职位、工作内容、工作成绩等。工作内容请用序号来分点表述，如果罗列条目有困难的话，可以上网搜索招聘网站中同岗位性质的招聘要求，进行适当修改就好。工作成绩一定要具象化、数据化，尽量不要用"工作能力出色、勤奋踏实"之类的套话。

比如，同学B暑期两个月都在校外兼职销售空调，你说他的简历中是写"吃苦耐劳，和顾客沟通顺畅，销售成绩不错"好，还是写"兼职两个月时间，经手卖出空调57台，平均一天卖出1台"好呢？我相信大家都会选择第二个表述方式。总而言之，就是要用数据说话。如果你参加了一个比赛，得了一等奖，那你写出具体的获奖名次要好于写成绩优异。

除此之外，最好能体现你进步的过程。比如一个电视台的编导在跳槽时，简历上可以这样写：原本对电视行业一窍不通，在进入×电视台仅1个月后，就独立完成了×节目，收视率为×%，比周平均收视率高出×点。在用数据说话的同时，又表现了自己进步的过程，再好不过了。

另外，如果你已经有工作经验了，那么在写简历的时候，最好加上"离职原因"一栏，简要说明一下就好。但切记，不要写个人的主观原因，比如觉得工作太累、老板有问题之类的，要尽可能地强调一些客观因素。

6.整体排版干净整洁，格式统一

（1）简历的信息最好能显示在一页A4纸之内，如果超出了一页，也千万不要超过两页纸。如果你确实有很多信息要写，请在做到语言简洁的同时，参照上述建议，把相比较而言不太重要的信息写在纸的背面。对于简历信息写不满一页纸的情况，可以适当添加"个人评价"一栏。

（2）整份简历的字体不要超过三种，重点信息可以加粗标注，但不要太过频繁。

（3）如果有很多并列项，请用项目符号区分。

（4）简历最好不要有封面，打开之后映入眼帘的是以你姓名开头的简历就好。除非是应聘一切需要创意的工作岗位（如设计师、策划等），否则简历的整体风格还是不要过于标新立异才好。

7.其他小建议

在发出简历之前做好检查，可以把 Word 格式的文件转为 PDF 文件之后再进行投递。因为每个人电脑上默认的 Word 格式不同，再加上兼容性等问题，你辛苦做好版式的 Word 文件，在别人的电脑上也可能完全乱掉（如果简历是表格类的，更容易出现这种情况）。如果转存为 PDF 了，就不会有这样的情况了。

简历的电子文件名一定要认真考虑一下，可以按照"姓名＋应聘岗位"或"姓名＋应聘岗位＋毕业院校"的格式写，比如"林小白 品牌推广"或"林小白 品牌推广××大学"。这样的话，HR 在下载你的简历之后，即使不能点开，也知道你是谁，应聘的是什么岗位。别小看这点，这种让对方不用亲自再重命名的细节，说不定会赢得 HR 的好感。

根据你投递公司的不同，简历还要做适当的调整，当然这个调整只是微调而已。最便捷、最取巧的方式就是看看招聘单位的岗位要求，尽量把自己的工作经验或校内外经历做适当的修改，使它跟招聘单位的职位要求相近。当然，要诚实，我只是说大家要尽量往这方面靠。

其次，我之前注意到有的同学在应聘国家电网的时候，会在简历页眉的位置上粘贴国家电网的标志；他下回应聘腾讯公司的职位时，又换上了腾讯公司的标志。这也不失为一个好办法，因为 HR 肯定是对自家公司的标志特别敏感的。

没能力、没经验，简历照样也能写得漂亮

通过之前的文章，大家已经了解到简历的基本制作方法和突出重点的方式了。但解决了普遍的问题之后，我们还要来说说看那些简历制作中可能会出现的"疑难杂症"。比如：

"我现在从事的是科学研究工作，但我想转行去做新媒体运营，却没有相关工作经历，这要怎么办呢？"

"我想要应聘世界500强的大公司，但我的履历平平，怎么做简历才能提高我获得面试的概率呢？"

"我不喜欢我大学学的专业，也不想从事相关的工作，可是专业不对口的话，是不是简历一关就过不了了呢？"

……

其实归根结底，这些"疑难杂症"可以归结为以下几类：想要找的工作不对口、个人能力不突出、不太符合岗位要求等。但实际上，这些"疑难杂症"都是可以化解的。

1.求职岗位与专业不对口

求职岗位必须与专业对口，这显然是一个悖论，我身边有很多

人所从事的工作和大学所学的专业并没有多大的关联，包括我自己也是。我大学学的是金融专业，但是我现在做的却是文字方面的工作，所以针对这第一个"疑难杂症"，我完全有资格来现身说法。

为什么有些岗位的招聘启事上会注明"要有××专业背景"呢？除去一些专业性很强的工作，比如医学、科研之类的，其他多半是招聘公司担心你不够专业，所以设置了这么一个门槛。但如果你可以证明自己虽然专业不对口，却足够专业，那么招聘公司自然不会因为你的专业问题而轻易否定你。弄清了雇主设置门槛的原因后，我们就可以见招拆招了。

首先，你要有相关专业知识，或者有能证明你能够胜任这份工作的证据。

还是以我为例，我虽然是金融专业的毕业生，但我在向传媒公司投递简历的时候，我会说明自己在×××报刊上发表过××文章，在×××栏目从事××岗位××月，有××篇文章收录于××书中，这样HR就能快速地了解我具备的写作能力、编辑能力、文案能力、策划能力，这时，我所学的专业反而成了我的神助攻。HR会认为，在你已经具备一定的写作、编辑能力的情况下，你还是金融学学士，那么会有较好的逻辑思维和金融专业知识，这样对写稿会更有助益。

但如果你没有相关的知识或工作经历要怎么办呢？那就赶紧去学吧。专业知识相较于专业技能而言，实际上是比较容易快速学习的，除了一些研究性、技术性的岗位比较难于快速学习，其他岗位都能在比较短时间内了解一些皮毛。比如你可以去企业网站、相关行业论坛上获取资讯，还可以看很多专业的书籍。如果你这么做了，在你的简历里就可以写上"认真研读过 ×× 专业的著作 ×× 本，深谙 ×× 知识"之类的文字。

除此之外，你还可以挖掘自身与应聘岗位相关的技能和才干。例如国贸专业的学生想找一份行政管理的岗位，那么除了快速了解行政管理相关的专业知识之外，你还要想想在你曾经的经历中，有没有经历过什么事情可以用来证明你具备这个岗位所需的技能。比如公文写作能力、沟通能力和执行能力，这个经历可以从你在校期间担任的职位或社会实践中回想。除此之外，能在"个人评价"里体现行政管理岗位需要的细心、耐心、责任心等表述也是加分项。

2. 个人能力不突出

有的时候求职也需要一定的技巧。比如曾经 ×× 男装就说自己是入选卢浮宫的唯一男装品牌。但实际上它们真的有这么牛吗？当然不是的，那是因为中国的其他男装品牌并没有自愿缴费参加那次在卢浮宫举办的博览会，所以它是唯一参加的，当然就是唯一获得这个"殊荣"的。

在求职的过程中，我们也可以沿用这种思路，为自己创造更多机会。例如，我可以说参加班级演讲比赛获得过第一名，实际上这个演讲比赛是以小组的形式展开的，全班就 7 个小组，我们小组获得了第一名；我也可以说自己做过的 ×× 节目，是黄金档收视率最高的法制节目，因为在所有电视台的黄金档，就只有我们当时的电视台在播出法制节目。这是一个简历制作的小技巧，当然，这种片面的真话只有在你的简历实在乏善可陈的情况下才可以使用，但这多少会增加你的简历入选的概率，因为人们天生对各种"第一"保持着高度敏感。

3.不太符合岗位要求

在解决这个问题前，我们要知道岗位招聘启事上每一条职位要求实际要说的是什么，是技能、知识，还是才干？招聘企业大多看重求职者的技能，而这些技能里的很大部分是属于可迁移技能，也就是软技能。因此，实际上并不需要你很相符合知识、才干和职位的要求，只要你拥有的技能和它要求的足够匹配就可以了。

4.应届毕业生没有实习经历怎么写简历

除了大学四年的学习成绩之外，没有任何社会实践，甚至连在学生会、社团工作的经历都没有的应届毕业生要怎么写简历呢？还是一样，要认真做好自我探索。想想自己经历过的事情，有没有一个相关的故事可以证明你拥有某种能力或特质。如果你学习特别好，但你在学习上投入的时间和精力其实并不多的话，那就说明你有较强的学习能力、信息整合能力及分析能力。总而言之，要从你做过的事情里找寻自己的亮点，然后挑出和岗位相符的，并做出有针对性的阐述。

让HR无法忽略你的7个细节

细节决定成败，这个道理在简历制作上也是适用的。当我们按照上述要求制作完简历后，先等一等，别急着投递。要知道HR其实很看重简历的细节，所以你对待简历的细节的态度，在一定程度上决定了你是否能获得面试的机会。

1.杜绝错别字

当你制作完简历，请认真地检查下你的简历是否有错别字。有的求职者太不认真，投递出去的中文简历有很多错别字，英文简历则是通篇的语法错误，这就不是专业问题而是态度问题了。因为态度问题而被HR刷掉，就太可惜了。所以，当你用Word软件来制作简历，Word软件会自动识别你简历中的错别字。请你务必要重视起来，仔细看看，发现有错误，及时改正过来。尤其是英文单词的拼写，多个字母、少个字母都是应当避免的。

2.避免不恰当的缩写及过于专业的名词

建议大家在用词上尽量避免不通用或不常用的缩略词，尤其是学校及公司的名称。全国有那么多"农大""交大""科大"，有时候HR并不完全知道你的缩写指的具体是哪所大学，更不用说英文的缩略词了。在公司名称方面也是如此，除非像IBM这种约定俗成的公司缩略词，否则尽量不要用。

而对于一些过于专业的名词，最好能加上括号，并在括号内进行简单的标注。因为很多HR只是对自己所在领域内的知识比较了解，其他领域的专业名词可能不太了解，进行一个简单的标注，有助于HR理解。

3.确认你的联系方式能直接联系到你

务必确保你留下的联系方式能准确无误地联系到你。有HR反映，自己曾遇到过在简历上留女朋友的电话的求职者，你能想象电话接通时HR的内心感受吗？因此，建议大家一定要确保简历上的联系方式是有效、准确、直接的。

4.别让你的邮箱名，毁掉了你面试的机会

除了QQ邮箱之外，基本上其他类型的电子邮箱在注册时，都需要我们自己设置邮箱名。一般情况下，许多求职者写在简历上的电子邮箱的名字都是手机号码或姓名或姓名首字母+数字的组合。

但也有比较标新立异的，但这样的电子邮箱名能起到什么样的作用却很难说。

比如，我见过有人的电子邮箱名是fxxk@126.com、prettygirl@sina.com之类的，这类电子邮箱名其实非常不适合出现在你的求职简历上。想想看，HR收到一封邮件，收件人显示着某些不堪入目或是太过花哨的字眼，在他们选择点击邮件之前，你在他们心里的印象就已经大打折扣了！

除了电子邮箱名，你还需要注意你的电子邮箱昵称。想想看，如果你是HR，你收到一封求职邮件，邮件里的昵称居然是"小公举""轻舞飞扬"这类网络色彩浓郁的名字，你会怎么想，你一定也会觉得对方的求职态度不够严肃、专业。

所以，在用电子邮箱投递求职邮件之前，请先给自己发一封邮件，看看上面显示的昵称和主题是什么。然后问自己这样一个问题："如果我是HR，我收到这样一封邮件，我是否会点开，点开看了之后，又是否会对其发出面试邀请呢？"

求职需要体现你的职业态度，因此，在求职过程中的每个细节你都需要注意。除了不建议用一些奇奇怪怪的电子邮箱名来投递你的简历之外，我认为用QQ邮箱也不是很好的选择。还是在常用的电子邮箱之外，专门注册一个邮箱来发送比较严肃的邮件为好，电子邮箱名可以用你名字的拼音或是英文名或是简单的数字。

5.通过邮箱投递简历，务必写清楚邮件主题

有些人可能平时写邮件的时候没有养成写主题的习惯，而是让邮箱自动生成。在你添加了附件的情况下，邮箱自动生成的主题名字和附件名称是一样的。

但很不巧的是，很多人在制作简历时，习惯新建一个 Word 文档，打开之后就匆忙地制作自己的简历，完成之后直接 Ctrl+S，连文档名都不改。设想一下，如果你是公司的 HR，收到了类似下面这样的一封邮件，你会打开吗？

没有对比就没有伤害。再次假设你是 HR，有这样两封邮件"躺"在你的收件箱里。请问，你会点开哪个呢？

所以，在发送邮件时，一定要记得填写主题，而且一定要做到主题明确，不要简单地写上"应聘"或"求职"，既然要写，不妨写得更详细一点儿，比如"应聘××岗位+××院校+×××"。

6.尽量不要用招聘网站上的简历模板来投递

我收到过这样的留言："你说的这些简历制作方法都没用了，

因为现在的简历都是在招聘网上直接填写的。"这确实是事实，但坦白地说，我很不喜欢招聘网站上如填档案般的简历模板。

企业的HR在招人的时候，会对怎样的简历印象深刻过目不忘呢？答案是有亮点的简历。而招聘网上千篇一律的简历模板，会进一步掩盖我们想要展示的亮点，这样千篇一律的简历，很容易让你的简历被"一闪而过"。

所以，更为巧妙的方式是，在招聘网站上留意他们是否有留下公司邮箱。一般大公司的招聘信息里都会附上邮箱。这样一来，我们就可以把认真做好的、主次分明、排版舒服的简历以附件的形式发到招聘公司的邮箱了。要知道，你的简历越容易让人记住，你就越容易进入下一关。

如果在招聘网站上没有找到邮箱地址也没有关系，我们可以利用搜索引擎来寻找。一般在招聘公司的官网或其他平台的招聘启事上能找到HR的邮箱。当然，为了保险起见，你可以把招聘网站里自带的简历投递一份，同时把自己精心制作的简历投递到HR的邮箱里。

7.同家企业一次只投一个岗位

有些公司的HR对简历投递的专一性有很高的要求，如果他发现你投递了他们公司两个甚至两个以上的不同岗位，很可能在认真查看你简历之前，就在心里给你画了一个大大的叉。

因为同时投递一家企业的多个岗位，会让HR认为你对自己的职业定位不明确，你的求职方向不清晰。因此，即便你对某家公司的多个岗位都很感兴趣，也觉得自己都适合，也应该好好权衡一下，选出最想从事的那个进行投递。

这些简历投递的细节不容忽视，做好它，能让你更为顺利地获得面试邀请。

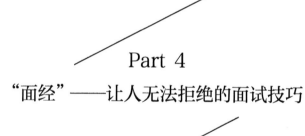

Part 4
"面经"——让人无法拒绝的面试技巧

电话面试这件事，你真的搞得定吗？

前几天，有个读者问我："明天我要进行一场电话面试，我该怎么做啊？"这让我想到了电话面试的一些注意事项。

1.为什么要进行电话面试？

一般对你进行电话面试的是你未来的上司，而你能进入电话面试，也说明你初次到公司去和HR谈的结果是好的。

当然，也有的大公司因为应聘者太多，HR就会对简历表现平平的人先进行简单的电话面试，觉得符合他们的要求了，才会通知你来公司面试。

2.如何应对电话面试？

电话面试短则五六分钟，长则半个小时。但不管怎样，你的目的都是一样的：让自己和岗位要求越符合越好。所以在电话面试之前你要有所准备，至少要明白他们对这个岗位的具体要求是什么。

为了提高电话面试的通过率，你还需要做以下几件事：

▲**主动选择通话地点和时间**

一般来说，HR第一次打来电话会先问你："请问明天 ×× 点，您方便进行电话面试吗？"如果那个时间点对你来说并非最佳时间，那么你需要主动提出更换时间。

另外，你还要确保在进行电话面试的场所足够安静，并且在接听电话时，尽量着装严肃、坐直身体，并面带微笑地回答问题，就好像面试官和你面对面一样。

因为人的衣着、坐姿，会影响一个人的状态。不信的话，你可以再试着躺在沙发上、跷起二郎腿说一段同样的话，来进行对比。你会发现，积极的身体状态会带来积极的声音，懒散的状态会让人精神状态不佳。

▲**在面前放好笔和纸**

在电话面试过程中，准备好纸和笔，对双方谈话的要点进行记录。如果对方跟你约定下次面试的时间了，你还可以在第一时间记录下时间点和楼层、办公室等信息。记完可以简单复述一遍，跟对方进行确认。

▲**语速不要太快、说话注意逻辑性**

通过电话面试，面试官无法看到你的整体形象，也无法通过你的肢体动作来评判，所以咬字、语速就变得尤为关键。你不需要声音多好听，但一定要咬字清晰、语速恰当，让对方听你的话不感到吃力。声音的音量也要控制好，不能太大或太小。

如果你是比较容易紧张的人，在平时要多多训练语速。因为人一紧张，就会不自觉地加快语速，这会让对方听的体验感变得不好。或者你可以在约定时间前10分钟，做15个开合跳，把身体调动起来，这可以迅速消除紧张。等10分钟后接到电话，你就能比较好地跟对方交谈了。

还有，就是要注意言语间的逻辑性与结构性。回答问题尽量做到简洁、明晰，可以用金字塔式结构来分点回答。所谓金字塔结构，即先开门见山地提出观点或结论，然后提供具体的原因或细节，最后还可以简单地总结一下。

在说的时候，要注意层次，可以用"第一、第二、第三"，或"首先、其次、最后"，最好分三点来表述。举个例子，对方如果问你为什么觉得自己能够胜任这个岗位，你可以回答：我的总体能力和以往经验都和这个岗位的要求很匹配。第一，我有 X 年的相关行业同类岗位的工作经验；第二，我有一定的写作能力，曾在某杂志发表了 × 篇作品；第三，我很擅长沟通，在以往的工作中，需要和其他部门沟通协调的事情我一直做得很好。这样表述，会让对方觉得你很有条理性。除此之外，语句间如果有具体事例作为说明，会显得你更可信。

▲不要忽略细节

首先，手机一定要有电，说着说着手机没电了，自动挂断就会显得很尴尬。

其次，要注意礼貌，比如接听电话的时候说您好，挂断电话之前要感谢对方特地花时间打电话面试，同时还可以向对方表示自己对招聘岗位有着极大的热情和兴趣，希望能够获得面试机会，你可以说：感谢您的来电，我希望能有机会与您面谈，您有任何问题可以随时来电话。

最后，请等对方挂掉电话后，你再挂断。

不开口就先获得好感

因为所学专业的关系，我大四求职时看到班上的男生穿得西装革履、女生穿上职业套装的时候并没有觉得异样。但在我后来的求职经历中，我却看到不少人西装革履地来赴媒体行业的面试，往往给我的感受是穿得太过正式，有些用力过猛了。

要知道，面试不是一定要穿西装或职业套装的，有时候刻意专业反而给人用力过猛的感觉。尤其是很多应届毕业生，因为手头资金不充裕，所以买得起的西装质量也往往不佳，这种不太合身或品质不佳的西装，穿起来很像保险推销人员或是KTV服务生。

那究竟应该穿什么去面试呢？首先，如何着装取决于你要面试的企业所在的行业及要应聘的岗位。如果你去应聘金融行业，那么穿职业套装或西装就再好不过了；但如果你是去一个普通民营企业应聘技术岗位，这么穿就不太合适了。

面试的着装重要吗？重要。面试时衣着得体，绝对是有助益的。有人说，一般人在7秒钟内就会对某个人形成第一印象。现如今，社会运转如此快速，我们每天接收的信息如此之多，大多数人对一个人形成印象的时间只会越来越短。因此，衣着得体地出现在面试场合，真的会如虎添翼。

当然，面试时衣着得体是基本要求，但更重要的是，你的面试着装应该让你看起来更值得信赖。

1.看看应聘公司的员工怎么穿

"依样画葫芦"是不会错的，在面试前可以到你要面试的企业去走走看看，看看公司的员工都是穿什么样的衣服来上班的，和他们保持一致就可以了。俗话说：不是一家人，不进一家门。想要顺利入职，得让面试官从外表上就觉得你是自家人。当然，为了体现面试的严肃性，你的着装可以比这家公司员工的日常着装多用心一点儿，更正式一点儿。

同时要注意，面试着装比好看更重要的是得体。因此，干净大方就可以了，不用一味追求好看。请务必记住：面试的着装不是穿给自己看的，是穿给对方看的。你的衣服是为了给对方形成"你是谁"的印象，是为了直观表现你对这个事情的态度。所以，除了得体，还是得体。

2.选用中性色

为了表示一定的专业度，面试着装应该避免出现大面积的鲜艳色系，因此上衣和裤子或裙子以采用中性色系为佳。中性色是指由黑色、白色及由黑白色调和的各种深浅不同的灰色系列，黑白灰是常用到的三大中性色，鲜艳度比较低的蓝色也属于这个范畴。

除了选择纯色之外，也可以选择细条纹、小方格这类的，但切记不要选择大花朵、波点、大格子之类的元素。在面料的选择上也需要注意，尽量选择看起来质感好的、硬挺的料子，不要轻易选择雪纺、棉麻等料子的衣服，容易让人看起来没什么精神。

如果是男生参加面试的话，在春夏季可以选择POLO衫或衬衫，搭配休闲裤或西裤，在秋冬季可以选择衬衫搭配一件比较简单的毛衣，或是衬衫搭配休闲裤的西装外套就好。如果是女生，在春夏季可以选择衬衫搭配半裙或裤装，穿连衣裙也可以，在秋冬季，再披上暖色调，但饱和度不那么高的大衣外套就好了。

以我自己的观察经验及一些HR的分享，我觉得最合适的面试着装是比公司日常着装稍正式一些，正式偏休闲的风格。比如黑色连衣裙+米色西装外套，没有整身黑色的严肃感和压迫感，让人觉得职业化。如果觉得衬衫全扣上有点儿死板的话，解开一两个扣子也是可以的。

3. Less is More

因为是去面试，所以要尽量减少饰品，就算要戴，也不要超过3种。要注意，手表也算是一种饰品。搭配的包包和鞋子也要选择款式简单的，并且要避免提着大牌包包或穿着恨天高去面试。

同时，还要注意细节，干净的头发鬓角、平整的衬衫、没有污渍的领口和袖口，以及干净的鞋子，这些细节都可能被眼尖的面试官留意到，细节之处做到完美才值得被尊重和欣赏。

换位思考，你是老板会选择自己吗？

如果说，简历是将你的个人能力以2D形式传递给HR的话，那么面试就是以3D的形式把你的形象、能力、特质传递给HR。所以你要做的，就是让传递的内容能够证明"你能行"，并且要确保HR能接收到你要传递的信息。

既然如此，第一步还是不可避免地要思考，HR面试应聘者到底面的是什么。

面试一词在百度百科的定义是：通过书面、面谈或线上交流（视频、电话）的形式来考察一个人的工作能力与综合素质，通过面试可以初步判断应聘者是否可以融入自己的团队，是一种经过组织者精心策划的招聘活动。

从这个定义中我们可以看出，面试主要还是看应聘者的能力和公司或团队的契合度。要考察的这两个方面，又可以细分为以下五个方面：个人能力、知识经验、任职意愿、性格特质和价值观。

1.个人能力

能力有很多种，比如人际沟通能力、抗压能力、策划能力、写作能力、信息整合能力等，但它们的特质较为抽象。因此，能体现你具备某一能力的最好方式就是让它具象起来，也就是要有具体的行为、事件支撑。

任职要求：

1.本科及以上学历，2年以上品牌企划/市场营销策划相关经验；

2.优秀的策略思考能力、沟通协调能力和资源整合能力；

3.熟悉品牌推广运作，具备高度的市场敏感度，具有出色的品牌营销企划/策划能力及整合传播技巧，文案功底深厚；

4.具有餐饮品牌策划经验者优先考虑；

5.年龄不限，形象气质佳，广告专业优先，男女不限；

6.面试时请携带相关作品。

以上是某餐饮行业的一个企业招聘文案的启事，在招聘启事中写明了任职要求。如果你想证明你符合这个岗位的要求，就要证明你具备策略思考能力、沟通协调能力、资源整合能力和营销策划能力。

假设你有过策划大型活动的经历，并且在活动的组织过程中，协调沟通了多家协办企业，对参加活动的人员做了系统安排，并做好了整个活动方案的策划与组织工作。那HR听到你列举的实例，就会觉得你是很符合这个岗位要求的。但要注意，你提供的能证明你有某项能力的案例必须是真实的。因为有些HR会顺着你的话去追问一些细节，如果你是瞎编的，马上就会被面试经验丰富的HR识破，这时候就不是个人能力是否能胜任的问题，而是个人的品格问题了。

2.知识经验

知识经验对应到招聘启事中就是：×× 专业毕业，从事 ×× 行业 / 工作 × 年以上。它对你的专业及对应工作年限做出了明确的要求，强调的是你的专业知识与行业经验的累积。

这些要求看起来属于硬性条件，但如果不相符是不是就没戏唱了呢？如果你的知识或是行业经验与招聘启事的要求不是特别匹配，但你却能进入面试的话，则说明你在简历中体现出的个人能力让HR对你产生了兴趣。那在面试过程中，你要做的就是尽可能地展示你的个人能力与特质，把长处发挥到极致，以弥补知识经验的不足。

3.任职意愿

在面试过程中，HR经常会问以下问题：

"你对我们公司了解多少？"

"你觉得我们公司和同行业的 ×× 公司的区别在哪里？"

"你为什么想来我们公司？"

HR为什么要问这些问题？说到底就是想知道你作为应聘者，有多想来他们公司工作。一是了解意愿；二是了解态度。你如果很想来，那么你肯定会认真做好面试前的准备，至少在面试前会查查该公司的相关资料。

如果HR在问你这些问题时，你能不假思索地做出回答，那么HR会觉得你的意愿和态度是没有问题的。当遇到和你能力、知识、经验差不多的应聘者时，如果你的任职意愿强，他们也会优先选择你。

4.性格特质

外向型的岗位往往对性格特质要求得比较多。比如销售、公关、前台、商务秘书等职位的招聘启事，往往都会在岗位要求中写明"性格开朗、有亲和力"，这就是一种性格特质。

有的人一走进面试场合，HR就觉得他特别稳重，而有的人则会让人觉得非常亲和，所以在面试中，你甚至还未开口，HR就大致了解你的性格特质了。性格特质在短期内基本不会改变，所以不用太过纠结，尽量表现自己最好的一面就可以了。

5.价值观

价值观是HR了解你是否可以融入团队的评判标准。有的人工作能力很强，知识经验也很丰富，性格特质也很符合岗位要求，但如果价值观不符，HR也有可能会忍痛割爱。因为即便招了你，你在任职期间也会看不惯公司的很多做法，不久就会主动离职的，

HR会觉得，把你招进来是没有多大意义的。

我们明白了HR在面试过程中重视的到底是哪些方面之后，我们就能针对性地在面试过程中表达自己，向HR提供更多、更充分的有利信息了。在面试前，有两个方面是只要花时间和精力就能得到一个比较好的成绩的，一个是个人能力，一个是任职意愿。

关于个人能力，如果你还未毕业，那请务必在大学期间找个公司去你想做的岗位实习，在这份实习工作中，培养或加强该项工作需要你具备的能力。如果你已经参加工作了，那就在工作过程中培养和加强相应的工作能力，如果当前工作对你没什么挑战，导致相关能力无法很好地培养，你可以利用8小时之外的时间，做兼职或参加一些组织活动，担任其中的特定角色，这也能帮你锻炼出相应能力。

关于任职意愿，要做好准备，务必在面试前尽可能多地了解关于这个公司的信息，知道它们的业务、行业地位、发展现状等。

除了这两项准备之外，你还要注意一些细节，比如不要迟到，说话要尽量自信、真实。因为面试就是要求你肚子里要真有货，没货的话，三两下就被HR识破了。

最后说一句，如果你把面试看作一次了解双方的谈话，你就更能比较自在地应对了。

面试时，不动声色说出优势的才是高手

我身边有两个人对面试非常恐惧，一个是考了两次公务员，两次都"死"在面试上的小黄；一个是总过不了面试，最后靠父母的关系才谋得一份工作的小刘。小黄和小刘的能力很差吗？据我观察，其实不是的。

小刘的爸爸说："我儿子就是不爱说话，估计他面试时什么都说不出来，因此才通不过。"

现实中，这样的人大有人在。许多人都认为内向型的人其实是不适合面试的，但我认为不是这样的。因为我这个标准的内向型的人，总能在面试的场合比较好地交流。平时很擅长交际，不代表在面试中也能呼风唤雨；平时沉默寡言，也不代表面试时就只能干着急。毕竟，懂得交际和懂得沟通，是两码事。

1.只有做了充分了解，心里才不会发怵，导致乱说话

有的人面试时容易紧张，在紧张的状态下，容易前言不搭后语

或者讲话时吞吞吐吐，就算没有紧张到那种程度，说出来的话也比较容易发虚，没有自信。那为了让我们在面试过程中说话比较有底气，我们应该在面试前做足功课。

比如我们应该去应聘公司的官网查看下公司信息，尤其是认真读下"关于我们"这栏，可以很迅速地了解这家公司。除此之外，还可以去网上查看这家公司的新闻和资讯，最好的方式就是多问问身边对这家公司了解比较多的朋友，甚至是曾在这家公司任职的人。

其次，我们还要提前设想面试官可能会问的问题。一般面试官比较喜欢问的问题主要有以下几类：

"你为什么来应聘这个岗位？"

"你能为我们做什么？"

"你是怎样的一个人？"

"为什么要选择你，而不是其他人？"

如果你涉及转岗或转职的话，面试官多半儿还会问你为什么会做出这个选择。因此，我们可以提前围绕以上几类问题，先做出一个让自己比较满意的回答，在面试前反复进行模拟问答，来加深这种印象，以消除紧张感。

2.别在面试官脑海里留下消极的声音

给面试官留有积极向上的印象尤为重要，因此如果面试官问你"是否做过某项工作"或"你是否有某方面的经验"，如果你没有接触过的话，最好不要直接回答"我不会"或者"我从来没有过"这类直接否定的简短回答。你可以说："我没有做过这样的工作，但是我做过××，我觉得它们有些相似之处……"也就是说，你要着重分享你做了相关的什么事，而不是在第一时间予以否定。

如果面试官问你关于前任老板的问题，切记不要贬低、批评他们，不管你有多不满。你可以用其他的词来描述，比如你的前任老板非常神经质，总是想起一出是一出，并且不达到目的誓不罢休。你就可以说他是一位完美主义者，对工作要求很严格这样的话。

3.条理性、逻辑性及时间把控，你都需要注意

一位HR在同一天可能会面试多个求职者，所以你说的话要做到重点突出。如果你喜欢长篇大论，HR只会想尽快结束这场面试，不会认真听你说话。

首先，当你每次有机会说话时，应尽量把时间控制在两分钟之内，尽量不要超过两分钟。有研究表明，被录取的人通常是那些用50%的时间说，用50%的时间听的人。

其次，说话的时候尽量以"先说结论，再说理由，时间允许再详细展开"的方式来说，这样面试官会第一时间抓到你说话的重点。

最后，千万不要抢话，一定要等面试官把话说完后再回答问题，不要随意打断面试官。因为有的人一紧张或一激动，很容易急于表达自己的想法，反而忽略了倾听的重要性，随意打断他人会让

人觉得你缺乏沟通能力。

　　除了这些沟通时的注意要点，在面试过程中，保持微笑，偶尔和HR进行眼神交流，也会为你加分。总之，记住要表现出你最完美的一面。

应对不同的面试官，需要学会"见人下菜碟"

1.

我听过很多关于面试的段子。这些段子其实都是真实发生的故事，只是因为太像段子了，我听了常常会瞠目结舌。先来跟大家分享几个。

▲故事1：

有一位30岁左右的男性到一家公司面试，一进来，就跷起二郎腿问："你就是老板啊？我来应聘业务员，你需要我做什么业务啊？"

▲故事2：

一个女生面试总经理助理一职，在和未来的上司面谈时，她问："我看招聘启事里说这个岗位需要频繁出差，那请问我出差的时候能不能带上男朋友呢？"

对方说："当然可以，但我不明白，你出差为什么要带男朋友呢？"

"因为我男朋友长得帅啊。"

"那你为什么不干脆到你男朋友所在的公司去上班呢？"

▲故事3：

一个男生在面试的时候直接提出了自己的薪资要求："月薪一万，然后需要给我配车。"

此时老板已经把这个人从候选名单中删除了，但故意说："可以。"

然后这名求职者提出了更多的要求，比如准时下班、奖金福利等。

那天听到这些求职面试故事的时候，我真的是"开了眼"。我万万没想到竟然有人是这样面试的，但我那位HR却说："你是没做过人事招聘，真的是什么人都有！"

所以，作为一个分享正确求职方法的人，我想要好好跟大家聊一聊，面试的时候，我们究竟要说些什么。

2.

首先，需要明确面试流程。一般面试流程都是三个环节：HR面试，你未来的上司面试，公司高层面试。

当然，有的公司可能会增加或减少某个环节，但无论如何，你未来的上司和公司高层在确认你入职之前，肯定会和你见一面。

其次，随着面试官身份的转变，你在面试过程中要表达的侧重点也是需要转变的。

▲和HR面试

既然面试官是HR，你就要换位思考，想明白HR想要的求职者是怎样的。你要知道HR也是有业务指标的，如果他面试一个人通过了，之后这名求职者也一路顺利地进入了公司，但没上多长时间的班，就说要走人，那么HR也是有一定责任的。

所以HR会想知道你为什么从上一家公司离职，你之前每次跳槽的原因是什么，你为什么想来我们公司，你期望怎样的报酬以及何时能够到岗等等。

知道了HR想要什么，你就要给什么，这是我一直强调的"需求匹配"，不论在简历上还是面试中都要这样。所以，你要提前想好以上几个HR关心的问题的答案，尽量给HR留下你很想入职这家公司，很热爱这个岗位，也有能力能把这份工作做好的印象。

▲和未来的上司面试

未来上司指的是以后直接领导你的人，所以这次面试你要格外注意。因为他以后需要常常与你打照面、给你布置任务，因此他关心的肯定是你的工作能力，以及你以往的相关工作经历是否可以证明你会胜任这份工作。

所以，在面试的过程中，他会偏向于问一些工作细节的问题，比如你去面试财务一职，你未来的上司会问你一些原始凭证、预算之类的事情；你去面试HR一职，你未来的上司可能就会让你说说招聘员工的正常流程。

他们可能会问得非常细，因此，你必须做好充足的准备。例如好好看看公司的官网，了解基本信息、发展方向等等。再就是要研究应聘岗位的招聘启事，牢记每一条岗位职责，在面试前想一些具体事例或数据，来证明你具备他们所要求的能力。然后在面试过程中，让自己的回答尽量符合岗位的要求。

同时要注意，在面试过程中不要夸大其词和撒谎。因为问题中可能会涉及工作细节，如果你谎称你有某方面的经验，对方一追问，自然就会知道你有几斤几两，用这样的谎言完全是得不偿失的。

▲和公司高层面试

终于到了见公司高层领导的时候了，不过通常这次面试的时间会非常短。像我之前面试央企秘书，最后一轮面试的时候，是人事主管以及分管办公室领导带着我去见的公司的大领导，简单地问了我两个问题就结束了。

公司高层领导面试往往不会想了解你的求职意向多么强烈、工作能力多么突出，因为这些在前两轮已经有人替他了解过了。那他看什么呢？其实主要是看形象和眼缘。比如他看你第一眼就觉得你挺踏实的，那么就会对你有些好感。所以，那些发现自己比较得年长者青睐的人，在高层面试时有极大的优势。因为这类人往往给人踏实肯干、乖巧恬静或憨厚老实的感觉。

虽然这个环节相对轻松，但要注意，大领导有一票否决权，他如果觉得不满意，前面两轮面试的成绩会一笔勾销。所以在面试中，你需要做的就是放松和倾听。他问你什么，你就答什么，别耍小聪明；在回答问题的过程中也不宜滔滔不绝地举证自己的能力，因为你已经向你的未来上司证明过了。

以上就是在不同的面试环节里，你需要注意的事项。但不管你处于哪个环节，我在开头说的那些段子里的做法都是不可取的。面试的大原则都是一样的，即态度要端正，面试官请你坐了，你再坐下。坐下的时候注意仪态，别瘫在椅子上，也别跷二郎腿。不要主动提薪资待遇，除非你们双方已经达成"我愿意来、你愿意聘"的共识了。在面试过程中，注意多说和工作相关的事情，涉及私人的事情要少谈，多说能体现工作专业度的话，让自己的表现尽可能地符合"职场人"这个称呼。

这样谈出理想的薪酬

　　我第一次深深地为自己的不太会说话感到着急，是在面试的最后一关——薪资的谈判和确定。在那次经历之前，我应聘的工作都是在招聘启事上就明确标明了薪酬的数额，在"过五关斩六将"之后，直接就签合同了。然而，最近一次面试时，当HR经理跟我说："没事儿，你说说看嘛，你来我们这边想要怎样的薪酬条件？"

　　坦白地说，我真的有些懵。作为求职者来说，当然希望薪酬越高越好了，但如果说得太高了，用人单位会不会觉得我这人不切实际呢？所以当时我很纠结，总觉得说什么都不太妥当。后来我发现，如今在招聘启事里把薪资设置为一个起止范围的企业不在少数。通常来说，招聘的岗位越高端，越是喜欢用薪资范围来表示。

　　既然如此，在说了面试着装、面试洽谈之后，也该来说一说薪资谈判了。但要很好地应对薪资的问题，我们必须先从HR的角度来看，他们一般会根据哪些情况来给出一个应聘者的薪资。

　　HR主要会参照以下五个因素：求职者目前的薪资情况、近期的调薪情况、该岗位在本公司对应的薪资范围、该岗位在市场上的大致薪资范围、前来应聘同一岗位的应聘者的薪资情况。

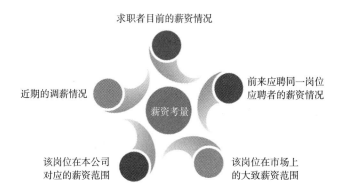

1.求职者目前的薪资情况

这是一个很重要的参考因素，是你的老东家对你综合能力的一种衡量。如果你的原工资高于该岗位在本公司对应岗位的薪酬范围的话，HR会好好斟酌一番。因为一旦薪酬突然大跳水，那么作为求职者的你被录用后的忠诚度与稳定性则成了HR的考量因素。

2.近期的调薪情况

有的HR可能会问："你目前这个薪资是什么时候调整的？"如果你在离职前一个月刚刚上调了薪资，那么HR可能会问："那在这之前你拿的薪资是多少？"通常情况下，他们会以之前的薪资作为参考标准，而不是以短期内提薪的数额为标准。

3.该岗位在本公司对应的薪资范围

现在很多企业针对某个岗位都会有个薪资范围，之所以有这样的浮动区间，是为了根据求职者的经验、能力及原有薪资进行上下浮动。如果你能力强、经验足，那么很有可能就能拿到这个薪资范围内的最大值。

4.该岗位在市场上的大致薪资范围

保证内外部市场的公平性，也是HR谈薪资时的一个参考因素。就好比行政、销售、人事这类求职门槛相对较低的岗位的薪酬，一般是不会高于技术、科研类的工作岗位的。

5.前来应聘同一岗位的应聘者薪资情况

这个是HR和所有求职者进行薪资谈判时的一个重要参考。假如从薪资谈判的人选里选一个人录用，在他们能力、经验、知识等方面都不相上下的时候，那HR很可能会选择原薪酬最低的那个，或期望薪酬最靠近公司薪资范围最小值的那位。

那在知晓了HR会参考哪些因素后，作为求职者的我们要如何应对呢？

首先，在进行薪资谈判之前，你心里要有一个薪资范围，一定要有一个薪资底线，也就是说，如果给我开出的薪资条件低于某个数额，那么我就会拒绝入职。而对于薪酬范围的上限，还是应该合理一些，而不是一味求高。

如果你对这个薪资范围不够明晰的话，可以在谈判前登陆一些求职网站，进行薪资查询，就可以看到某地区某行业某岗位的薪资范围。掌握了这个信息后，再参考你之前的薪资，就比较容易界定出一个薪资范围了。

其次，在著名的职场书《你的降落伞是什么颜色》中，作者提到了这么一条建议：在薪资谈判中，最好别做先提数字的那一方。因为根据一些理论研究表明，不论在何种场合，往往先提数字的那个会输。所以，如果面试官要求你先提数字，你就用提前准备好的答案回应："嗯，既然你们设置了这个职位，并对我有了一定的了解，我相信你们心里一定也有了答案，我想先听听你们的意见。"

再次，要问清楚你的薪资结构。很多情况下，HR会告诉你一个年薪数额，听起来好像还不错，但你要问清楚，这里面包括了哪些内容，除了基本工资外，是不是含了绩效奖金、补贴、年终奖、五险一金、培训费用、股权分红等项目。明确构成后，你才能知道你这一年实际到手的钱有多少。

除此之外，你还需要问清楚调薪周期及幅度，也就是这个公司一般多久调一次薪资，涨幅是怎样的，以此推算出你入职3年或5年之后的薪酬。再和现在的薪酬进行对比，这样的涨幅你是否满意呢？

最后，需要强调一点，工资是同意接受工作前必须谈的，所以没必要不好意思，毕竟这关系到你每个月的酬劳。同时，需要提醒下，在体制内的单位及国企、央企，因为执行国家标准及自行体系等原因，所以谈判空间不大。

你不知道的4条求职"潜规则"

之前在电视上看过一档求职招聘节目，一位人事经理讲述大企业筛选简历的时候，会把"985"大学毕业生的简历和非"985"大学毕业生的简历分开放，离开招聘会后，也只带走"985"大学毕业生的简历。此话一出，立马在网上炸了锅，有人说这是"求职歧视"，但我看到这则消息的时候，觉得这位人事经理只是把多年看破不说破的事情给说破了。

在求职环节，实际上是有很多"潜规则"的，这些"潜规则"大多和一些"歧视"相关，例如文凭、院校、家乡、性别、身高、户口等等。

1.通常来说，越大的企业越有一套自主运行的"潜规则"

因为企业比较大，所以可以支持运行一套比较完善的应聘者筛选流程。这类流程大多是专门研发出来做求职源头把控的。

举个例子，银行招聘的时候，一般求职者需要在银行官网的

"人才招聘"一栏里填报简历。当你填完简历提交后，倘若后台设置了一些关卡，比如毕业院校非"985""211"，系统自动识别，被刷下；非本科学历，系统自动识别，被刷下。这样一来，一旦你的简历不符合某些设置，很可能立马就会被刷下来。

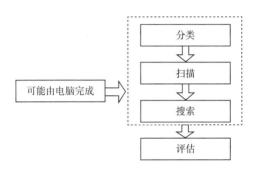

对于一些大企业而言，他们也乐意这么做。因为企业大，每年求职者的数量也多，所以他们设置的那些门槛可以减轻人力筛选的压力。而最容易设置的就是一些硬性门槛，例如学历、毕业院校、工作年限等。

2. 即便是中小公司，在看简历前也会进行筛选搜索

HR在看简历前通常会进行筛选搜索。当你的简历投至招聘邮箱，他们会把你的简历下载到电脑上，如果同时进行多个岗位招聘，有可能会按照不同岗位存放进不同的文件夹。之后开始在电脑上筛选关键字，例如"本科""研究生""英语六级""××证书"等字眼；有的还会搜索同行的公司名，例如互联网行业，搜"百

度""阿里巴巴"等；有的还会搜索岗位能力关键词或要求，例如招秘书，可能会搜索"写作""会议纪要"等。

所以，大家对待简历一定要认真，不能只是套用一个随手找到的模板，填一些基本信息。尤其要重视工作经历和个人能力这两块内容，把较多笔墨放在这里，写些能突显你能力的词。如果你曾在一些行业巨头公司工作或实习过，请把它写进简历，这些都能增加你的简历被搜索到的概率。

3.企业招到人了，还是会在网上挂招聘启事

你可能会发现，你给某公司的招聘岗位投了很多次都石沉大海，但这家公司却一直更新着他们的招聘启事。这是怎么回事呢？

实际上，你没收到面试通知，很可能是HR没有看到你的求职简历。HR为什么不看？一个是因为你的应聘邮件无标题或标题不规范，二是因为这个岗位已经招到人了。

那为什么招到人了还不撤回招聘启事呢？因为现在在招聘网站上放招聘启事一般是按年或按半年来收取费用的。虽然招到了人，但钱已经交了，倒不如把招聘启事放在上面，公司的名字频频出现，还能为企业打打广告。

所以，当这个岗位招到人了，HR再收到该岗位的简历，他们自然不会去看。不看简历意味着即便你能力再强，简历做得再好，也无济于事。

4.面试完没选择你，不一定是因为你不够好

当你面试结束，自认为和HR或部门领导谈得很好，对方在言语间也有让你来公司任职的意向，但最后却没了消息，那多半是因为有个和你条件差不多的人，开出了比你更低的薪资条件。企业都是希望能减少成本支出的，当两个求职者的条件差不多时，他们会选择"要价低"的那个。

关于求职中的"潜规则"，实际上还有很多，身为求职者的我们大多是无法扭转的，我们能做的就是让自己具备硬实力，认真对待简历制作与投递、面试细节等每一个环节，让自己成为"企业愿意要"的人。

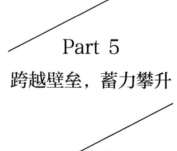

Part 5

跨越壁垒，蓄力攀升

如何在试用期"站稳脚跟"，顺利转正

　　我在2013年毕业后的五年里换过四份工作，这四份工作分别属于不同的行业，而且岗位都有差异。然而，我都在入职一个月的时间里，在他人还在试用期里时，甚至还处于"打杂"阶段的时候，就得到了领导和同事的认可。

　　在旁人看来，我这四份工作都挺不错的。因为我大学所学专业与岗位不相符，所以我刚入职的时候，总会遇到比较八卦的同事旁敲侧击或直截了当地问我是否是靠关系进来的。但当我工作了一个月后，这些声音就会渐渐消失，因为大家能从我的工作表现中明白，我确实是靠自己的真本事进来的。

　　那我是怎么做到的呢？

1.要想脱颖而出，你要有锋利的"锥子"

　　我们都知道成语"脱颖而出"的典故是用锥子和布袋做比喻，指有能力的人就如锥子放入布袋，而锥子总会刺破袋子的。

不论你入职的是什么企业，要想站稳脚跟，你必须要有真才实学。我大学所学的专业虽然和我应聘的岗位不符，但我在大学期间就定下了我未来的就业方向。而且在我定下目标后，我做了一件事——打开招聘网站，输入我想要就职的岗位，看看这一岗位具体的任职要求是什么，把它们一条条抄下来。然后对应这些要求，让自己在这些方面努力精进。

因此，在大学期间，在兼顾本专业课业的同时，我铆足了劲往我想要就业的方向努力。我去采访、写稿、投稿、参加征文比赛，直到毕业时，我简历上是实打实的成绩，而不是列出我所学的课程，写些"工作认真、勤奋踏实"之类的虚话。也因为如此，我后来才成了班里第一个得到录用通知的人。

2.刚进入公司，你的首要任务是适应

很多人因为在大学期间没有太多实习经历或社会实践经历，导致刚入职场时，自我的角色还没完成切换。结果，整个试用期都消耗在角色转换上了。而我因为大学期间就东奔西跑地采访、写稿，也和一些报刊合作，所以提前知道了工作的内容，这也让我在毕业后更快地进入了角色。

所以，还在大学的你，应趁着假期，抓紧去找一份实习工作。提升阅历也好，学习知识也好，不管所做的事情是多么微小，最重要的是让你提前感受在企业上班的氛围，让你毕业后更快地适应职场。

除此之外，初入职场，你还要学会观察，看你的同事着装是严

肃还是休闲，工作是繁重还是清闲，领导是高高在上还是平易近人，同事间交流是否频繁，甚至还要留意他们准备下班的时间、就餐的时间等等。这些都能让你迅速知道这个企业的氛围是怎样的。

其次，你要做的就是适应。如果你是个活泼外向、喜欢沟通交流的人，却发现所在公司的同事并不喜欢闲聊，仅有的交流也都仅限于工作事宜，那么你最好也是如此。如果你发现公司里写报告惯用某种格式、某种字体，这和你的习惯不一致，那么你最好也改过来。

3.即便你很清闲，也要找事情做

刚入职的人都有一个困惑，就是刚入职的时候往往太过清闲，经常处于没有事情干的阶段，有些人会觉得这8个小时怎么那么漫长。其实，如果出现这样的情况，还是因为你应对的方式不对。

我进电视台前，有次吃饭，听到大我一届的学姐跟我说，她刚去一家公司的第一个星期，包里总会放一本书。如果一到公司就有东西学、有事情干，那么就去学、去做。但如果属于"放养"状态，上司简单地把你带到工位后就再无下文了，她就会把书拿出来，开始看书。

我借鉴了她这个经验，第一天到台里，包里就放了一本书。果真，那天我什么事都没有，其他同事都十分忙碌，我也不敢打扰，就拿出书看了起来。但因为我看书的速度太快，还没到下班时间呢，我就看完了，所以就走到机房一头雾水地看老师剪片子。第二天我就学乖了，带了两本书。直至第五天，主编给我安排了一个老师带我，我开始正式跟着她学习，直到这时候，我才不再每天都带本书来了。

当然，如果你不喜欢看书，那么你也要尽量给自己找点儿事做。因为刚入职，你并不知道自己可以做哪些事情，而且在没有人给你安排任务的情况下，你也不好贸贸然去问。为了避免尴尬，你需要学会自己给自己安排，上面提到的带本书的方法就是一种自我安排。当然，如果你一入职就有事情做，那么恭喜你；但如果你很清闲，你就要学会给自己找事情做。

4.明确分工后，主动将任务揽上身

虽然我在大学里为了今后能顺利进入媒体行业，做了很多努力，也有不少书面作品，但对于电视剪辑，我真是一窍不通。我知道我自己写得了稿子、理得了节目编排思路，但是我不会剪片子。所以进入台里后，我就买了本专业书，一边看书，一边在自己的电脑上练习操作。同时，在其他同事用完机房的机子后，我会打开机房电脑熟悉操作界面及方式。

在我进台的第三周，在周例会结束的时候，我向同事要了一张选题表，问清了报选题要走的程序，把我设想的选题写下来，交了上去。没想到，我的第一份选题就这样顺利通过了主编、制片人、审片老师的审核，同意开始拍摄了。但因为我是一个新手，所以在我联系好被采访人之后，我需要找一位愿意跟我合作的摄像师。

要知道，电视行业太现实，如果你拍出来、剪出来的东西不能用，最后不能播出，那么摄像跟你在外面折腾的时间就都白费了。所以，当我找到一名摄像老师后，我非常认真地把我的选题、计划告诉了他。最后，他同意了和我合作。搞定摄像后，我开始将选题一一落实、细化。

实际上，在当时这个选题是没人看好的，因为所有人都觉得我不可能做到。"一个金融专业的毕业生，才来台里3个礼拜，就要自己拍片子啦？"这是大家普遍的疑问，当然还有很多直言不讳的否定声音，我就顶着这样的压力，辗转到一个县城下的乡镇完成了拍摄。最后，这期节目如期播出了。虽然在剪辑过程中，我听到不少老师及同事对我粗糙的剪辑水平的议论及嘲笑，但最终它播出了，收视率还高出周平均收视一个点。

在收视率出来的周例会上，主编、制片人都夸我："小林不是学这个专业的，人家才来我们栏目多久？还不到一个月，就自己做出了节目。我们不说节目总体做得怎样，至少她能把一整期的节目时长撑起来。"制片人的这段话，我至今记忆犹新。

有了这期节目的成功，我接下来基本每半个月就出一期节目，甚至一个人去暗访过，在不断的学习过程中，我的剪辑技巧也有了很大提高。后来，某个机关单位需要拍摄宣传片找到我们栏目的时候，主编竟然让我去负责。当然，当初那些说我剪的节目不能看、完全乱来的同事也很少说这样的话了。直到我们栏目组解散的时候，和我一起的这批实习生里，只有我制作的节目在电视上播出过。

后来，我从之前栏目组的老师口中得知，当时栏目制片人竟对我有这样的评价："我从业50年来，第一次看到这样的实习生，才来1个月就自己做节目，而且做得还不错，真的是第一次见。"

所以，在刚入职时，如果你选择积极主动地把任务揽上身，往往会有很好的效果。如果做得不好，只要你没犯大错，也没太大关系，因为毕竟是新人，第一次做不好，还可以继续磨炼的。

5.领导把任务抛给你，有困难也得接下

在栏目组解散后，我来到一家大国企任职。刚入职半个月，领导就把我喊到他办公室。

我一走进办公室，他就问我："××路线你知道吗？"

"是某个政策方针吧。"我回答。

"那这稿子你能写吗？"

当时，我压根没有深入接触过政治理论，对很多专有名词都不太懂，但我却回答领导："我可以写。我会事先上网查查看，弄明白了再写。"

第一篇稿子很快就完成了，我把稿子交给领导，但一直没收到反馈。直到一天，我接到专门负责党务工作的办公室主任的电话，我才知道原来领导把稿子转给她了。她说："总体很流畅，没有大问题，但写得太浅了，不够深刻。"我虽然不太明白"写得深刻"需要怎样的表达，但我还是认真地修改了两次，并将稿子提交给了她。

一天，主任跟我说："稿子定下来了，我发你邮箱了，你可以看看。"

　　我打开文件才发现，最终的稿子和我之前写的内容相去甚远，只保留了我原先写的1/3的内容。当下我自然有些沮丧，但还是认真对照，明白了原先主任所说的"深刻"写法。后来再有类似的稿件，我就开始按照那种写法来写，这次就顺利了很多，只修改了两次就被采用了。再后来，这类稿件我就能很好地应对了。

　　从这个事例中，我们可以看出，当领导把任务交给你时，即便你知道自己可能做得不好，也应该勇敢接下来，倘若只是因为恐惧而丢失了一个很好的机会，后果是得不偿失的。在接下任务之后，我们还需要对比事件的结果，学会分析、总结，来提高自己的办事能力，尽量让自己的工作能力得到提升，这样才能得到领导、同事的信任。

初入职场，工作态度代表了你的职场形象

每年的3~6月，是大四学生的实习期，说来奇怪，很多对应届毕业生很重要的事情，却没有相应的课程来帮助我们完成从学生到职场人的转换。

不久前，我在网上收到一些大四实习生的提问，问题主要集中在如何有存在感、如何适应职场人的身份上。实际上，对于职场新人、实习生来说，最重要的不是想着完成多么重要的任务，怎样讨上司的喜欢，而是要尽快融入团队。

能否快速融入团队，已然成了用人公司衡量一位实习生是否胜任工作的重要指标之一。能快速融入团队，让他人用最短时间意识到你的存在，并非易事，它需要动用你的多项能力。

1.注意形象，讲礼貌

既然已经从学生转变为职场人，那就要注意自己的着装，避免太过幼稚的装扮；同时要注意头发、衣领、袖口的干净整洁，保持

较好的职业形象。

除此之外，还要讲礼貌，除了多用"请""谢谢""麻烦你""对不起"这些礼貌用语之外，你还需要尽快记住每个同事的名字。和别人说话时，记得先称呼一下对方，不要张口就"哎"或是"那个谁"。

大家千万不要小看这些细节。同是职场新人，大家在专业能力方面的差别并不是特别明显，如果你在这些细节方面做得很好，就能相对容易地被他人记住。

有的公司，还会因为你在人际方面的优异表现，把你评定为"潜力股"，为你预留出更大的发展空间，让你快速脱颖而出。

2.主动沟通帮忙，建立情感链接

融入团队的第二个方法就是尽量建立情感链接，而建立情感链接的有效途径，就是去主动沟通、主动帮忙。有人可能会说，我初入职场，什么都不懂，能帮上什么忙呢？这里说的帮忙并非让你帮多大的忙，而是让你学会去主动地、不求回报地帮助别人，和更多的人产生交集。

我的前同事小付在公司里人缘非常好，他到我们公司还不到半个月，所有人对他的评价就已经很好了。他曾在楼下等电梯时，看到某个人弯着腰一箱一箱地搬东西，他也不知道对方是谁，就帮着一起搬，然后帮忙按电梯、码好东西。后来，他才知道那个人是某个部门的主管，这种行为不仅给那位主管留下了好印象，也被许多同事看在了眼里，帮过的忙多了，他的形象就一点一点地立体起来了。

3. 多提问，不要怕露怯

我第一次实习时，在整理资料的时候遇到了一些问题，我想找个人问问。但看其他人不是一脸严肃地忙着敲键盘，就是把头埋进一堆资料里。我觉得自己的问题无足轻重，又感觉他们的面孔貌似不太友好，想了想，就把问题咽了回去。

过一会儿，之前派给我工作的前辈来查看我的工作情况，立刻指出了我的问题，这使我之前整理的资料都不能用了，好在这些资料并不急着要，因此没耽误他们的工作。但只有我知道，就是因为我不敢提问，才导致我多花了时间，还做了无用功。

后来，我已不再是职场新人，在和新来的实习生有工作接触时，我深深体会到，作为一名职场新人，"不惧提问"真的是一件很重要的事。很多职场新人都害怕自己提出的问题太过简单，又怕打扰到他人，所以不敢问，导致后续需要花费更多的时间成本及沟通成本来解决这件事。

如果你担心自己的提问会被别人质问"你怎么连这都不知道！"那你想想，如果你是新人的时候不去提问，那你打算什么时候问呢？况且，别人又不是你，如果你不问，他们怎么知道你不知道呢？就像那句话说的一样，不要明明就是菜鸟，还偏偏自带偶像包袱。如果一项工作你做到一半，发现有些问题，请务必去询问一下，无视问题盲目往下做，只会让小问题变成大问题。

而为了更好地提问，即在最短的时间内让他人明白你的疑问，你不妨学习下提问的技巧。如结论先行、先说结果再说过程的叙述方式；逻辑递进的方式；"5W1H"式的提问方式等。尽量形成一个金字塔结构的话语体系，即梗概在上，细节填充在下；开门见山地提出重点，然后再有条理地解释原因，如果对方有需要，再去解释更多的细节。这种"结构化信息"能减少双方的沟通成本，让别人迅速了解你的困惑。

最后，再说一句，如果你向前辈提问，前辈的回答态度并不如你想象得友好，请予以谅解。或许他只是忙，又或者只是习惯了这样的讲话方式，并不是恶意针对你。

4.学会夸赞他人

怎么夸赞他人也是有技巧的，但主要还是要走心。大家普遍认可的夸赞方式就是一定要有细节、有对比。比如某位同事今天打扮得特别漂亮，你说"你今天好漂亮"似乎显得有些敷衍，但如果你说"你的这条丝巾搭配得真好，像我就不太懂得搭配配饰"就显得比较真诚。

还有人提议，要夸赞他人不太容易被夸赞的地方。例如一位公认的气质出众的美女，你还夸她"真漂亮"或者"真有气质"，对方大概不会有太大触动，因为类似的话她听得太多了。如果你夸赞她能力强、独立自主之类的，她说不定会对你印象深刻呢。

总之，夸赞他人是和他人建立情感链接的方式之一。因此要少些为了夸赞而去夸赞的举动，真正走心地夸赞才能更得人心。

5.做得比预期好一点儿，并正确看待反馈

从你成为实习生起，你的身份就应当和"学生"区分开。请务必认真做好上司前辈派给你的工作，并争取把工作完成得超过一点儿预期。毕竟大家都喜欢活儿干得好的人。

而且，作为职场新人，刚进入公司时，会接手很多前辈派给你的工作。即便他们不是你的上司，你也需要认认真真去完成，并且正确看待他们的反馈。

如果他们说你的方案做得不好，或压根不能用，你就把它当成是一个正常的意见反馈，千万不要因为这样的反馈让后续的工作受到影响。这时候你要做的不是放弃，而是改进你做事的方法。毕竟职场不是校园，有时它会有刺，但是会让你更好地成长。

尽快让自己符合"精通Office"这个标准

你要是问我，作为一名职场人，必须掌握的技能是什么，我肯定会告诉你是精通办公软件。不信的话，你可以打开招聘网站，看看是不是很多企业都对office技能有所要求。而你在制作简历的时候，是不是也会在简历里加上一句"本人精通office操作"呢？

有位HR告诉我，大概每10份简历里有9份会写"本人精通office"，但是把人一招进来，却发现那个人用Excel做个表都要老半天，做出来的PPT也很土很乱。

其实，不管是Word、Excel还是PPT，都属于商务文本，是我们在职场中最常用到的工具。日常写个总结、方案，需要用到Word；开个会、做个报告，需要用到PPT；如果你做的工作和数据、分析有关，Excel是逃不掉的。

有的人，会把运用office看得很简单，实际上不是的，把Word、Excel或PPT弄得一团糟的大有人在。职场不是学校，等你重新回炉慢慢学，你可能早就被熟练运用商务文本的人赶超了。那要怎么办呢？在这里，我就给你们提供一个俗套的方法。其实不论是制作

Word、Excel还是PPT，都可以分为构建框架、制作草稿、定稿制作三个环节。通俗地说，就是先确定你要制作的内容，然后着手制作，最后排版调整细节。

我其实并没有掌握很多Excel和PPT的制作技巧，但每次我制作的表格和PPT大家都还蛮认可的，关键就在于我的制作逻辑比较清晰。所以，第一步构建框架是非常重要的，它可以说是决定你商务文本好坏的基础。

第一步，构建框架。

在这里，我分享一个快速确定框架的方法，就是先搞清楚三个"W"，即Who（谁要看你的商务文本）、What（制作商务文本的目的是什么）、Why（对于读者来说，商务文本的内容是否具有针对性）。只要明确了三个"W"，我们就能保证大方向，就能避免因主观判断失误导致要重做。

当大方向确定下来之后，我们就要考虑是用Word、Excel还是PPT来制作了。当然，如果公司或客户已经规定了形式，那么就用规定的形式好了。因为制作商务文本的最终目的并不是美观，而是要说服对方，因此，选择对方熟悉的形式是最有效的做法。

确定了商务文本的表达形式后，还需要定下这份内容的大概框架。框架的制定，能体现你的逻辑。大家不妨使用"PREP方法"来罗列，因为它是一项能够简明表现逻辑结构的方法。"PREP"就是Point（主张/观点）、Reason（理由）、Example（实例）、Point（总结）这四个单词的首字母。

为了让大家能够更好地理解"PREP方法"的概念，我们来举个例子。

P：爱好写作的人可以去今日头条或简书等平台写作。

R：今日头条或简书等平台有很多写作者，大家可以更好地交流，而且今日头条或简书等平台有着良好的文章推荐机制，你的文字能够被更多人看到。

E：林小白就是通过这类平台让更多人知道的。

P：今日头条或简书等平台真的是个适合写作的平台。

首先用"P"来提出主张，接下来通过理由和具体事例，使自己的意见更具说服力，最后作为结论再次重复自己的主张，让对方印象深刻。

以上就是第一步"构建框架"需要做的事，先确定三个"W"，然后确定选择的表达方式，最后用"PREP法"来确定内容大纲。

第二步，就要制作草稿了。

首先，大家要避免版式不统一的错误。不论你选择使用怎样的表达方式，请保证版面格式的统一。展开来说，就是字体、字号、行间距等要大致统一，强调文字的方式一致之类的。

推荐字体：Windows系统下的"Meiryo UI"字体和Mac系统下的"冬青黑体简体中文"，在强调关键英文和数字时，使用"Arial Black"字体最为合适，如果要强调中文，可以运用"加粗"或"下划线"的方式，不要使用"斜体"和阴影。

推荐字号：标题字号为16-24 pt，正文字号为10-12 pt，注释字号可以是正文字号的80%大小。

推荐行距：想要行距较大，可设置1.2倍行距；想要正常，就用单倍行距；想要较小的行距，就用0.85倍行距。

其次，要好好把控主体内容，在写文章的时候要提炼内容，剔除多余信息，减少模糊的表述，改为具体的说明。

（1）把文章精简。现在大家的阅读习惯都偏向碎片化，因此即便是在制作商务文本，我们也应该减少冗长句子的出现频率。当一个句子太长、太复杂的时候，我们阅读起来就不会那么顺畅，而适当分割会有助于文意的理解。在制作商务文本时，你大可删掉一些不影响文意的内容，把过长的句子、段落变成简介的形式。你还可以用更多的逗号分隔句子。

（2）善用数字说明。如果你的商务文本里需要说明成本或数量等相关信息，使用具体的数字能够增强说服力。比如"外勤业务量预计大幅减少"就不如"外勤业务量减少了20%"来得具体；"投资费用高达3亿"就不如"投资费用高达3亿"来得直观。

第三步就是定稿制作了，它相当于工作的收尾，如果完成得好，可以加强内容的说服力，优化打印资料的美观度。

比如在用Excel制作图表时，我们就可以删掉图表默认的表框线和网格线，这样读者就能马上读取到最重要的信息。还有，为了增强数字的说服力，不妨对含数值的图表注明信息来源或出处。

就是这么简单，掌握了"构建框架、制作草稿、定稿制作"三个环节，你就能较为完善地制作好商务文本了。

搞定工作邮件，你才能不输在起跑线上

　　"如何写电子邮件"这一课题，现在被很多职场人忽略了。因为现在线上沟通太方便了，微信、QQ、公司OA，任何一个媒介都比电子邮件来得快捷方便。

　　但你们注意到没有，虽说微信、QQ、公司OA使用起来很方便，但是一遇到正式的事，公司还是要求写电子邮件。写邮件并非职场人的专利，例如大学生给论文导师写邮件、给公司发实习申请、发求职简历、发活动报名表，职场人给客户发方案、给老板发工作总结、给海外酒店发询问函等，都需要用邮件。

　　所以在日常工作中，如果你不重视写邮件的"套路"，那你到正经场合就会掉链子，比如，忘记添加附件、附件内容出错、没有标题以及对方看了半天不知道你要说什么，诸如此类的问题。

　　首先，一封好的邮件肯定要符合三个条件：意图明了、逻辑清晰、版式干净。

1.意图明了

"意图明了"是指让邮件接收人一打开自己的邮箱，在还未点进去细看之前，就知道你为什么要给他发这封邮件。所以，你务必要特别注意你邮箱的名称和邮件的标题。

邮箱名称有时是自动抓取的，例如QQ邮箱的名称就是你的QQ名字。在这里，请默默祈祷，你没用QQ邮箱发过任何重要的邮件。如果有，请你再次默默祈祷，你的QQ名字不那么"非主流"，也没有怪异的标点符号和庸俗污秽的字眼，如果有，那别祈祷了，赶紧改了吧。

因为QQ邮箱把QQ名默认为邮箱名的关系，我一般不建议用QQ邮箱发重要邮件，大家可以另外申请一个邮箱，邮箱地址就以"名字+数字"或"名字+职业"的形式来起。例如我叫林小白，生日是4月5日，就可以把邮箱命名为"lxb0405@163.com"，而且邮箱地址最好没有连接线和下划线，因为有的人非常容易打错。

然后就是邮箱的显示名称了，请把显示名称设置为你的本名。正如前面提到的，一般需要我们发邮件的时候，都是比较正式的时候，既然正式，所以把邮箱显示的名称设置为本名最为稳妥。

而邮件的标题请你一定要填，如果不填，系统会自动以附件的名字命名，如果没有附件，那么邮件的标题就是空白的。试想一下，你收到了一个陌生人给你发的一封空白标题的邮件，你会点开看吗？你可能会想是不是病毒，然后删了。

邮件标题请用20个以内的字加以概括。我个人写邮件有个习惯，如果对方对邮件标题没有要求，那么我一般会采取"［类别］+姓名+关键字"的形式。例如"［应聘］林小白董事长秘书""［投稿］林小白《别让你的本事跟不上你的年龄和欲望》""［旅行志愿者报名］林小白行走6国18省"等。

这样对方就能一目了然地知道你为什么写这封邮件、你是谁以及邮件的主要内容是什么了。

2.逻辑清晰

如果你的邮件有附件，那么在正文部分只要用简练的文字写一下，并说明"主要内容见附件"就可以了。

但如果你的邮件没有附件，那么你务必要注意正文的书写。这时，建议采用"三段式"书写。"三段式"并不是指你的邮件正文只能分三个自然段，而是你要表达的内容需要分成三段。

首先，要简单表明你写这封邮件的来意，用一两句话说清楚即可。唯一需要注意的是，开头要写"您好"。

接着，内容主体就是无附件邮件的重要部分，这部分内容需要逻辑清晰地把事情说清楚。如果要写的内容比较多，请务必做到每段只讲一件事。

最后，写下感谢语或盼回复之类的字眼，再留下落款和日期就可以了。

3.版式干净

首先，邮件正文不要用任何背景图，不要加任何背景音乐，也尽量少用不同的颜色、字号、字体进行修饰。

正文部分，至多用两种字体、两种颜色。在排版的时候，如果有重点内容需要突出强调，请加粗，但不要用斜体。同时注意分段，不要把文字都堆在一起，一段文字最好不要超过10行。

然后，还需要注意每个段落要首行缩进两个字符。在移动互联网时代，许多人是在手机上查看邮件的，如果每段首行不缩进的话，会影响阅读。

最后，有个特别关键的地方，就是要养成正确的发邮件流程，即插入附件—复查附件—撰写正文—拟写标题—填上收件人，这样就能避免附件忘记插入、标题忘记写等情况。

很多人在写邮件时，习惯于按照邮件页面从上到下依次填好，这样做很容易遗忘某个环节，因为一旦你把收件人填上了，即便你发的是一封什么内容都没有的邮件，也能顺利发出去。而把填写收件人放在最后一步，就能避免这个情况发生。

此外，复查附件非常重要。因为你的桌面上很可能有两个文件名极其相似的文档，若你传的是错的那个，而没有复查，对方收到后打开真的会一脸茫然。

别忽视每一个能为你加分的细节，当你发的那封"意图明了、逻辑清晰、版式干净"的邮件抵达对方的邮箱，对方一定会对你留下好印象。

职场新人需要了解的7个职场小技巧

我从上大学开始，最经常听同学问我的话就是"你弄好了？这么快？"不论是写论文还是做PPT，抑或是上班后完成各项任务，我总是比跟我同时接收到任务的人做得快，并且质量也不差。

后来我认真想了一下，我之所以能如此高效率地完成任务，主要有三个原因：一是我没有拖延症；二是我有点儿整理强迫症；三是我养成了很多提升工作效率的好习惯。

没有拖延症，在接受任务的当下就会开始规划或着手进行；有点儿整理强迫症，那么资料、东西就不会乱放，而是运用一定规律定位放置，这样我在电脑上就能很快找到自己需要的材料；而有很多工作上的好习惯也能大大提升效率。

如果说拯救"强迫症"、学会整理都需要一个过程，那么能提升工作效率的好习惯却是能每天着手改善一点儿的。我回忆了一下，在这里罗列了7个能提升工作效率的好习惯，这些习惯其实都很小，你可以每天运用一个新习惯，当7个习惯都实践过之后，再反复进行几遍，直到你能完全熟练运用为止。这些习惯都很微小，所以，我相信你能比较容易地开始。

1.提前规划工作重点

待办清单的妙用很多人都知道了，我建议大家除了写每日待办清单之外，还要写每周待办清单，二者结合使用效果更佳。

我个人经常会在周末写好下一周的待办清单，然后再对照这份清单，来写每天的待办清单。在写每天待办清单的时候，要格外注意给每个工作重点做好排期，避免很多工作都卡在某一个时段里。

2.规范命名文件名

为了整理方便，也为了搜索方便，强烈建议大家要规范命名文件。我个人习惯的命名方式是：文件内容+合作方或用途+时间+编写者或使用人。

比如，吴题在2017年8月20日给客户做了一份产品推广方案，那么就可以命名为"××产品推广方案××客户2017.08.20吴题"。如果推广方案改了一稿、二稿、三稿，那就在命名后面加上"（一稿）、（二稿）"等字样就好了。

3.定期整理邮件、文件

如果你平时按照一定的规律命名及存档，整理这件事就变得比较轻松了，你要做的就是定期把不要的东西删掉。

作为一个有整理强迫症的人，我曾经常遇到这样的问题，就是平时感觉一个文件资料用不着，会随手把它删掉，但等过了一两天，我又想用这个文件了，然后会花很大的力气把它恢复回来，如果恢复无果，我就只能默默接受这个现实。

后来，我学乖了。当我觉得一个文件可能没用了，我先不马上删掉，而是在桌面上建立一个临时文件夹，把我觉得可能没用的文件扔进去。如果过了一两个月发现确实一次都没用到，再彻底删掉它。

4.重要文件扫描备份

规范命名、整理文件更多的是运用在电子资料上，如果有些纸质资料，不妨把它扫描备份。一是现在电子设备非常发达，能省去纸质材料带来带去的不便；二是为了自己查阅搜索方便。

5.及时备注、标签微信好友

现在这个时代，我们每天都会遇到很多人，这些人可能因为种种关系加了你的微信，为了以后沟通的顺畅，在刚加好友的时候，你就应该立即备注、加标签。

在刚添加新好友的时候，你可以备注上他的真实姓名，同时在他的名字后面以（ ）的形式进行备注。比如（××课程，2017.09），（××分享，声音很好听）等等。总之，备注的时候要尽量用简短的字词建立起两人之间的联系。

6.琐碎的事情统一处理

在工作中，难免会碰到一些琐碎的事情，比如收发文件资料、查看邮件、微信消息、拿快递等，如果碰到一件就立马去做一件，会把我们整块的时间分割成无数的小块，导致很多碎片时间产生。

因此，不妨在几件困难工作之间的转换休息时间，以及下班前的一段时间去做这些事，比如我个人就习惯在下班前20分钟，统一查看微信信息并回复。

7.加快文件搜索

当电脑上存的文件一多，就容易找不到自己想要的文件，想要快速找到自己想要的文件就只能运用文件搜索工具了。

虽然电脑系统一般都自带文件搜索功能，但速度非常慢。比较好用的文件搜索工具有Spotlight、Everything和Listary，其中，Spotlight仅适用于苹果电脑。这三款软件的功能大同小异，都能迅速找到你想要找的文件。

在职场，"快"才能赢得话语权

"天下武功，唯快不破"这句话放在现在这个社会正合适。谁能更快掌握第一手资讯，就更容易赚得第一桶金，更容易分到更多蛋糕，拿到更多红利。

在工作上也是如此。每个公司的老板都希望自己的员工做事又快又好，但想让工作质量变高，在一定程度上需要经验的积累。可是要想把工作做得快，却是可以在短期内做到的。

现如今，随着公司结构体系的日趋完善，工作职责的划分也日趋精细，但与此同时产生了一个新问题——因为分工太细，我们完成一项工作往往需要和多人进行沟通协调，工作的沟通衔接成本变大，这是导致我们工作效率低下的重要原因之一。除此之外，无法迅速开始工作、无法专注工作、做决策优柔寡断、会议又多又长、大量的退回和重做等现象，都拖曳着我们的工作进度，让我们的工作效率低下。

日本的赤羽雄二在"时间就是金钱"的麦肯锡工作了14年，总结出了一套以速度解决一切的麦肯锡工作术，用来加快工作速度，提升工作效率。其实，想让工作速度变快，可以学习"做蛋糕"的步骤。试着思考一下，如果你是第一次学做蛋糕，你会怎么做？

第一步，先想好你要做什么样的蛋糕，水果蛋糕还是巧克力蛋糕？套用在工作上也是如此，你要先对工作形成整体的印象，即明白此项工作需要达成怎样的效果。然后去思考完成该项工作的整体框架，判断哪个部分是最重要的，哪个部分是相对不重要的，哪个部分是必须认真对待的，之后着手做时就可以平衡各种要素，同步推进了。

第二步，根据需要，提前准备烘焙材料——工作先行一步。在工作中，你只需要比别人稍微早一些采取行动，就能更好地掌握工作节奏。比他人提前着手工作能够更早地做出成果，即使失败了也能在剩余的时间进行改进。

第三步，学习打奶油和裱花技巧——掌握工作的要领。也就是懂得把握完成工作所必需的要点，在减少时间浪费的基础上推进工作。例如，认真去提升办公技能、熟练掌握各种快捷键、把Word、Excel、PPT玩得很溜，这样你在办公操作上就会比他人完成得更快。再比如，你还可以学习如何高效举行会议、把会议时间缩短的同时提高会议质量、在最短的时间内解决最多的问题，节省时间并提升效率。

第四步，上手做出蛋糕雏形——工作不要过于细致。在互联网行业有这么一句话：完成比完美更重要。要将一个产品交付市场，要考虑的因素太多了，改进一个因素，又会冒出一个新的想法。因此，为了尽快推进工作，不应该过于细致，很多时候，完成比完美更重要。正如赤羽雄二所言：工作的整体流程其实也包含了很多不确定因素，如果在其中一小部分上花费了过多的时间，往往会因为时间不足而陷入匆忙慌张、难以应对的窘境。

第五步，进行点缀修饰——对工作方法进行改进。想在职场中更快地提升自己的工作处理水平，最快的方式是"模仿"。认真观察工作高效和工作低效的两类人，看看他们处理一项工作的区别在哪里，在归纳整理异同点后再对自己的工作方式做出调整。这对工作方法的改进十分有益。因为工作中有很大的改进余地，你通过对比学习模仿，积少成多，形成良性循环，渐渐地就会带来巨大的进步。

就这样，只需在开始工作之前想想做蛋糕的方式，然后把它套用到工作上，就能让你的工作速度在短期内大幅度提升。

除此之外，通过刻意培养大脑的转速，让大脑转得更快一些，让我们从接收信息到处理信息这一过程大大缩短，可以让我们从做得快转变为做得又快又好。

首先，要学会提问。提问能很好地帮助我们进入深度思考，建立起自己的理解体系。如果对于他人告知我们的信息，我们都不加思考就全盘接收，这是非常危险的。因为对信息没有进行全面深入的思考，就无法辨别它的真伪。

而每问一个"为什么"，我们的"眼界岩层"就会挖得更深，对我们分析能力、思维能力的提高都很有帮助。

其次，是多思考。遇到一个问题或者一个现象，多做"假设性思考"和"零基础思考"。假设性思考是指"如果是我的话，我会怎么做"。多进行假设性思考，你会发现自己能对事情保持高度的敏锐，并会有自己独到的见解，再也不会因为犹豫不决而浪费掉宝贵的时间。

而零基础思考是指"本来应该如何解决"或者是"本来必须如何解决"之类的问题，先不拘泥于先例和现状，而是从根本上重新思考。暂时忘记先例和现状，会让我们抽离地看待问题，思维变得更加灵活，这种思维上的冲击能让你的大脑转速加快，从而让思考加速。

总之，工作中可改进的地方是无限的。除了熟练灵巧地运用办公工具，以避免不必要的时间浪费之外，我们还需要加快思考速度，为从根本上提升工作效率抢夺先机。

职场稀缺物——专注，让你实现更多可能

在这个信息大爆炸的时代，专注力显然是稀有能力——你永远比想象中更容易被干扰。原本打算上网搜集下相关信息就开始写论文的你，是不是过了一个小时，发现自己的上网路径已经从搜索论文资料变成了点击查看淘宝弹窗消息，进而开始浏览淘宝上的商品了。

我们看过很多提高工作效率的干货类文章，但如果你无法保持专注，这一切都白搭。正如你写了 To do list（待办事项清单），但一天下来却发现未完成的事项还有一堆。你总是兴致勃勃地开始，虎头蛇尾地结束。缺乏专注力，你总是要比别人花更多的时间来做一件事，吃力还不讨好。

网络似乎剥夺了我专注和沉思的能力，而且不只我这样。愈加发达的网络，促使我们从深度工作转向了浮浅工作，这是信息大爆炸时代下的流行病。

什么是深度工作？美国作家卡尔·纽波特在《深度工作》中写道：深度工作（Deep Work）即在无干扰的状态下专注进行职业活

动，使个人的认知能力慢慢达到极限。这种工作方式能够创造新价值，提升技能，而且难以复制。

与之相反的是浮浅工作（Shallow Work），即对认知要求不高的事务性任务，往往在受到干扰的情况下开展。此类工作通常不会为世界创造太多新价值，且容易被复制。

从上述定义就能发现，深度工作能创造价值，产生不可替代性，而浮浅工作通常不能。但在职场上，谁的不可替代性大，谁的话语权就大。总在做浮浅工作，你就容易被新人替代。因此，能够培养这项技能，并将其内化为工作、生活之核心的人，将会取得成功。

但遗憾的是，大多数人无法在深度工作与浮浅工作之间自如地切换。因为一旦我们适应了浮浅工作，即不需要太多专注力参与的碎片式工作，我们将很难拥有完整或大块的专注力。因为你的大脑已经适应了浮浅工作的节奏，突然将它变得专注，它会因此启动保护机制，本能地排斥专注。

好在深度工作所需的专注力就像一块肌肉，通过一系列针对性的练习，它可以变得强壮。所以，还等什么，现在就开始吧！

1.在日常工作日程中，为深度工作预留时间段

深度工作，并不是让你切断与外界的一切联系。你可以把个人时间分成两部分，将某一段明确的时间用于深度工作（高强度、无干扰的专注），余下的时间做其他的事情。

你可以在每天上午安排特定的时间，在安静的场所完成深度工

作，这样就能让你进入并保持高度专注状态。

例如每天上午9点至11点，你选定为自己的深度工作时间段，一旦进入这个时间段，你就要尽力去保护它。当有同事或家人在这个时间段来打扰你时，你可以委婉地告诉他，我现在在忙，你的事我在11点之后再帮你解决可以吗？如果怕上司在该时间段打扰你，你可以在这段时间之前主动出击，先找上司汇报工作，降低他找你的可能性。当然，你可以记录一个完整的工作周期，找出你每天被打扰相对较少的时间段，把该时间段作为你的深度工作时间段。

你甚至还可以通过刻意创造独处空间来打造深度工作时间段。例如提早一小时到公司，躲进公司会议室，等等。

长此以往，你的大脑就会形成惯性，每到这个时间段，你的大脑就会开启深度工作模式，专注力会空前饱满，以便你更好地完成高强度的工作。

2.通过记忆力练习来激活专注力

如果你看过《最强大脑》这个电视节目，你会十分惊叹于记忆高手总能在最短的时间内完成在你看来不可能完成的记忆任务。不论是记扑克牌，还是记脸谱，在挑战时间内，你会发现选手都异常专注。在主持人喊出"3、2、1，开始"之后，他们就能马上从刚开始的闲谈状态进入比赛需要的专注状态。

华盛顿大学记忆力实验室的负责人表示，记忆力训练会带来个人专注能力的提升。因此，我们可以做一个非常容易操作的记忆力训练——记住一副洗过的牌的顺序。

诀窍就是把牌面转化为某个具体场景，把记忆建立在熟悉的地点和事物的视觉形象上。例如你的第一张牌是方块Q，你就可以想象一位女王正站在你家门垫上，然后再依次往下，悉心地往前穿过每一个房间，按照正确的顺序把正确的牌面与物件联系起来。

试试看，你会发现自己比想象中要做得更好。更重要的是，这类需要持久注意力的、有组织的思维过程，会大大提升你的专注力。

3.你的朋友圈没有那么重要

不得不说，现如今社交媒体分散了我们太多的注意力。很多人甚至会臆想手机在响、在震动。朋友圈、微博当然为我们的社交生活带来了益处，但还没重要到将自己的绝大部分时间和注意力投入其中的程度。

在最开始时，你可以尝试放弃使用这些工具或功能，例如，不再用微博，关闭朋友圈。在关掉之前你可以问问自己："如果我一直在浏览朋友圈或微博，30天后我会过得更好吗？""大家是否关心我有没有在浏览朋友圈或微博呢？"你可以尝试不发朋友圈或微博一个月，也许你会发现，没有一个人会发现你有什么异样。

其实，这些社交工具对你的生活没那么重要。如果你尝试了还是觉得无法放弃，那就请关闭所有推送，注意，我说的是所有！

未能及时看的微信、邮件、微博，又有多少是有必要在第一时间看的呢？不用担心，如果事情足够重要或紧急，大家会打你的电话。关闭所有的推送，恰好保证了每一次的手机响动都是值得你关注的（诈骗电话除外）。

4.适时清空大脑，享受安逸

虽然听起来有些矛盾，但适时享受一些自由时光，是有助于专注力的打造的。心理学研究表明，定期休息会提升大脑深度工作的质量，有意识地让头脑休息可以激活无意识的头脑，从而应对最复杂的职业挑战。

因此，工作时，就努力工作。完成后，就放松下来。毕竟决定工作成果的，从来不是投入的时间，而是投入的质量。

想要迅速掌握困难的事物，你必须高度专注，不能有任何干扰。如果你很容易做到深度工作，就能轻松掌握愈发复杂的体系和技能，这些体系和技能是我们在生活中取得成功所必需的。

为了你的人生有更多的可能性，也为了有效使用你的每一分脑力，你有必要学会深度工作。有目的地专注工作，才是最高效的做事方法。

迅速提升你的"言值"，让执行事半功倍

在职场上，"靠谱"尤为重要。我们常常听别人和我们说："×××实在不靠谱，有事情都不敢交给他做了。"我因为性格相对内向，刚开始参加工作的时候，家人总担心我在职场中应付不来。后来事实证明，即便我平时话不多，也不擅长用嘴上功夫维系人际关系，但是领导都挺器重我的，因为我很靠谱。

在职场中靠谱指的是什么呢？我认为应该是明白领导布置给你的任务是什么，在任务推进过程中能简洁又高效地汇报工作，最后的工作结果能超出领导的预期。说起来好像就是一句话的事儿，但做起来一点儿都不容易。你需要掌握一定的沟通技巧及工作方法。

1.明确领导的指示

我有一个习惯，如果别人交代给我一件事情，我一般会简单地复述一遍。例如，领导跟我说："你写一篇报告，我们需要采购××厂的设备，虽然不在预算内，但因为生产需要，我们需要采

购。"听完后，我就会说："好的，就是写一篇请示，关于采购××厂的设备的，对吧？"这句话看似有点儿多余，但实际上我是在确认领导的工作指示，避免因为误解而返工。而且如果领导没有明确完成的时间，我一般还会问上一句："那什么时候要呢？"

日本作家大石哲之写的《靠谱》一书中也提到，作为下属的我们，在接受领导的工作指示时，必须要掌握4个关键点：

（1）这项工作的目的。

（2）具体的工作目标。

（3）工作的质量要求。

（4）优先顺序和紧急程度。

当我们完全了解了一项任务的这四个关键点之后，相信实施起来就能游刃有余，所以如果在听完一个工作指示后，任一关键点有模糊的地方，都要及时和领导沟通，达成共识。

2.懂得简洁又高效地汇报和沟通

我现在的本职工作是秘书，因此公司里所有中层以上的会议我都要参加，所以也算是看过不少人在会上做汇报。你别看开会的都是中层以上的员工，但有的人却非常不懂汇报和沟通。有个年过50的部门负责人，我暂且称他为老朱好了。他兴许是想在各类会议上表明自己做成了很多事，总是絮絮叨叨的，听起来说了很多，但仔细想想似乎什么都没说。有好几回，领导也没了耐心，直接说："好了，好了，不要说这么多，把结果说下就成。"

一般来说，领导职位越高，他就越没有时间和耐心听你说话，那怎样说话才能让他不觉得你烦人，而且愿意和你沟通呢？这里，我分享一个沟通套路：结论先行，直入主题，用数据、事实、逻辑说话。

正如前面说到的，越是职位高的领导，越是没有时间，所以我们应该在短时间内就把必要信息传达给对方，而这个必要信息就是结论。领导往往不在乎你具体是怎么做的，他只想知道最终你是完成还是没完成。所以一上来就说结论，才能抓住领导的注意力。

我以前也是按照传统的思维方式，先交代原因，再说经过，最后才说结论。后来发现，这样反而说不清楚，因为领导往往没耐心听你说完，总会中途打断你。后来我改为先说结论，之后要说的话变简洁了，但意思却表达得更清楚了。

同时，我们可以运用前面提到的"PREP法"来更好地践行结论先行。

再来回顾下，PREP是由以下四个英文单词的首字母组成：Point（结论），Reason（依据），Example（具体事例），Point（重申结论后结束）。

举个例子，我前几天跟领导汇报了一件事："您上回让我写的请示文件，恐怕要撤回来了。"领导听完，马上就问我为什么。这时我再告诉他原因，以及某位负责人对此的态度，最后再重申一次结论就好了。这样，领导就能迅速了解大致情况了。

除了结论先行，还应该直入主题。中国人讲话时总觉得开门见山不太礼貌，所以总会绕来绕去好半天才入正题。但在工作沟通中，讲话不拐弯抹角、直率简洁才好。当他人问你工作进展的时候，即便你尚未完成或是遇到了很多状况，你也应当坦率地回答问题。

最后就是用数据、事实、逻辑说话，尤其是当我们和合作伙伴出现分歧的时候。想要说服对方，就应该罗列数据、事实，这类客观性的话语比说其他话术更具有说服力。在向领导汇报时，也要注意数据、事实及逻辑的运用，因为职位越高的人越是重视用数据和事实看问题。

3.结果超出对方的期望值

我想大家都听过同一个公司的两名员工去买土豆的故事：一名员工在看市场上是否有土豆出售的时候，顺便问了价格等情况，回来时还带了一个卖土豆的农民以及自己的建议，而另一名员工仅仅是做了老板交代的买土豆的事。因为两名员工完成的是同一项工作任务，因此他俩的"职场段位"就高下立现了。

在说明"如何超出一点儿预期值"之前，我觉得有必要提一提"云—雨—伞理论"。这个理论实际上是对事实、分析和行动三者的形象比喻。简言之，就是指"天上出现了乌云，眼看就要下雨，带上伞比较好"。天上出现了乌云，是你看到的事实；眼看就要下雨，是你根据现状推测出来的分析；带上伞比较好，则是你分析后得出的行动。

你瞧，那位受老板器重的买土豆的员工的做法，是不是很符合

"云—雨—伞理论"呢？老板让我看看市场上有没有土豆卖。我看了发现有，这个就是"云"，也就是事实。但老板好端端的为什么问有没有土豆卖呢？应该是想赚钱吧，于是去询问了行情、看了土豆的质量，这就是"雨"，也就是分析。最后，我要带回卖土豆的农民和买土豆的建议，这就是"伞"，也就是行动。所以，在工作中多多思考"云—雨—伞理论"，我们就不容易犯只汇报人人都知道的事实的毛病，而是会附上分析及建议，这样就能很容易超过别人对我们工作结果的预期了。

想要在职场中占据优势，就要不断地超越对方的期望值。正如大石哲之所说的："商务合作其实就是不断地超越对方的期望值，不断地超越顾客或消费者的期望值，不断地超越上司的期望值。"

当我们清楚地明白上司的工作指示之后，就比较容易超越期望值了，因为只要在他要的成果上再多出一点点就好了，但要注意的是，别人没有要求的工作，即便费时间做了也不会受到好评。就像我们去商场购物，有的商家推出"买满300元送USB小风扇"的促销活动，如果我们并不需要一个"USB小风扇"，我们就不会感到开心，反而觉得这个赠品徒增收纳空间，甚是烦恼。因此，我们要准确把握对方的期望目标和期望程度，不能偏离，然后在目标上多给一点点才是最好的。

明确指示、懂得沟通以及做事方法是不论你从事哪行哪业都需要掌握的职场技能，它不仅能让我们变成一名靠谱的职场人，还能帮我们更好地应对瞬息万变的职场环境。

搞定你和同事的协作，需要3个步骤和5个策略

当职责分工不清或是没有明确界定的时候，我宁愿一个人做这件事也不想和别人合作。因为这种情况太尴尬了。如果在一个团队里有明显的上下级关系，那么上级委派任务给下级，看起来就理所应当了。但如果所有人都是平级，那么这时候谁发号施令，其他人心中都会不舒服，尤其在如今这个特别看重人际关系的社会里。

可是，往往一个大项目，从启动、推进到落实，总会有很多人跟你一同前进，但如果始终保持这种模棱两可的态度，那么在推动过程中就少不了一些磕磕绊绊。所以，即便你现在只是一名普通员工，你也有必要学习"横向领导力"。因为它能让你更好地带人做事，与他人合作。

在哈佛大学最受欢迎的职场沟通教程《横向领导力》一书中提到了每个人都是潜在的领导者，普通员工完全可以从"侧面"领导团队，让局面朝着更好的方向发展。为了更好地落实，可以运用以下得方法。

1.三个步骤

▲提升个人技能

"要想让其他人发挥出更大的力量，你自己必须先发挥出更大的能量。如果你的工作方法井井有条，你就可以更好地帮助他人工作。"就好比大家一起搭帐篷，如果大家都不怎么会，而你却非常娴熟，你自然能更好地领导大家把帐篷搭好。

与其指望别人是个牛人，还不如先让自己变牛。

▲明确团队目标

既然是一个团队，那么大家就要目标一致。但"目标一致"四个字说来简单，做起来却不怎么容易，其实最简单的方法就是让大家参与到这个目标中去。

例如，你要召开一场会议，那么最好使团队里的每一个人都和这次会议相关。有的负责场地申请，有的负责文档整理复印，有的负责开会前通知大家，有的负责主持，有的负责记录。让每个人都在这场会议中充当一个角色，大家会更容易齐心协力地把这件事做好。

▲更好地影响他人

当你的能力比较突出的时候，你应当更多地影响他人，让他人和你拧成一股绳。但是你无法让他人做出改变，大家都有各自的思想，存在分歧是常态，而不论是视而不见还是主动负起责任，都不是妥当的方法。

视而不见只是回避问题，情况并不会好转。而选择纠正他人或是命令他人，则会让别人觉得你是在指责他们，而当你和他是平级的时候，这就显得更尴尬了。

正确的处理方式是：请求同事与你一起解决问题。首先，你应当平等地把你的分析、建议提出来，然后开始协商。而为了协商有结果，你提出的问题和建议应该非常具体，以便于进行清晰且易于操作的实践来引发大家的兴趣。

2.5个策略

▲共同制定能够指引和激励团队的目标

缺乏目标会影响工作效果，但一个无法激励员工、无助于衡量成功、无法提供努力方向的目标同样是无用的。目标是团队合作的灯塔，如果看不清方向，只会让整个团队的工作乱得像一锅粥。可是，如果从头到尾只用一个目标，恐怕不太可能满足一个好目标的所有标准。因为团队需要制定长期目标、中期目标和短期目标。

长期目标往往比较大，这个目标很容易鼓舞人心，它就像你要去的目的地，在你还没抵达之前，它只是一点点光亮；中期目标应该能衡量工作成果，它就像一个路标，如果在实行过程中发现目标存在问题，可以随时纠正；而短期目标就是能直接落地的事情，比如应该开展哪些工作之类的。

需要注意的是，制定团队目标时，每个成员都应参与其中。如此一来，由于亲身参与了目标制定，大家会更努力，而且团队中的其他人也知道接下来的短期目标是什么，这样更利于合作。同时，我们还应该不断修改这三个阶段的目标，直到它们相互协调为止。

▲借用饼图进行良好沟通

合作最麻烦的事大概就是沟通和协商了吧。大家总会遇到一些问题，每个人对问题的看法都不同，那怎样才能尽快解决分歧，避免项目停滞不前呢？

哈佛大学的横向领导力课程推荐我们使用饼图来协助沟通。饼图就是一个圆被分成了四个部分。从上下来看，其中上半部分是关于原因和总体方法的概念性思考，下半部分是关于实际问题的思考。从左右来看，左边是关于过去的思考，右边是关于未来的思考。

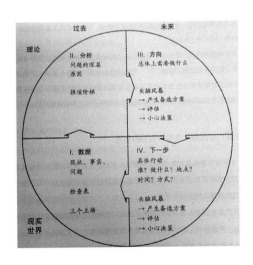

小小一张图，就能涵盖数据（实际情况或问题）、分析（导致目前情况的原因）、方向（解决这些问题的方法）、下一步（实现方法的具体步骤或计划）这四个方面，更有助于将事件明晰化。而且

当一个团队都用饼图这种简单思考模式进行共同思考时，更容易将众人的思维组织起来，实现有条理的思考，从而让团队高效合作。

▲将思考与行动相结合

我们有时候之所以觉得团队合作太困难，无外乎团队里的每一个成员有时会不在同一个频道上。例如，一些人在制定计划，另一些人在执行计划；有人想完善计划，有人想立即行动。要想解决这样的尴尬情况，我们需要通过不断地总结经验，吸取教训，再次把大家领到同一艘船上。

适当的总结能让工作进行得更顺利，在总结中我们能及时发现问题、吸取教训，就像一艘船，只顾着往前航行，而忘记了校准下航线，这自然是不妥当的。

▲充分投入工作中

很多人在找工作的时候，会关心工作的隐性价值，例如尊重、自主性和影响。所以想让团队像打了鸡血一样，就要让每个人发挥他的专长，别让人觉得自己在做一些浪费时间和资源的事情。

除此之外，团队开会的时候，让每个人都发表下自己的意见，也是一种尊重。即便有些人的意见不太可行，你也应当从中寻找闪光点。

▲积极提供正向反馈

在团队中，我们很害怕自己的能力被小看了。比如，我们熬了好几个大夜做出来的材料，结果其他成员就翻看了一下就说不行，这会让我们觉得自己的熬夜很不值得。所以我们不妨换位思考一下，当你处在一个团队中时，应该尽量多做一些反馈。适当的夸奖和鼓励，认真地表示感谢，都能让大家认识到，自己属于集体，自己是重要的，自己的努力和贡献得到了尊重。

当然，仅仅依靠积极的肯定是不够的，我们还要指出别人应该做出改变的地方。但为了避免他人认为这是你对他的指责，你的建议应当越详尽越好，这样一来，大家就会认为这是专业分析，而不是"鸡蛋里挑骨头"。反之，我们在执行过程中，也可以适当向你认为经验丰富的人寻求指导，问问他们："你觉得我这样做好吗？"寻求建议并不是软弱的标志，它反而能让别人知道你有提升自我的意愿。

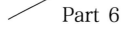

Part 6

高效沟通，凸显你的价值

除了工作，我们还能和上司谈什么?

　　我刚参加工作时，有一天早上，一个和我在同一办公室办公的女同事一脸沮丧地走了进来。放下包后，她垂着头站在我桌边："我刚才和闵总在同一个电梯，只有我们两个人，我都不知道要不要说话，要说些什么，然后我们就站在电梯的两边，互不搭理，尴尬死了!"

　　这个女生已经算是比较擅长和他人打交道的人了，但遇到这样的尴尬场合，依旧不知道要怎么办。刚好我最近收到读者给我留言说：自己工作已经很辛苦，还需要每天划出一部分时间专门用于人际沟通，怎么想都不合理。这让我想谈一谈，究竟在职场中要怎样和上司相处才合理。

　　想要在职场上混得好，有实力是一方面，运气也有一方面，和上司的关系肯定也是其中一个因素。要知道，在组织体系庞大且严谨的公司，你的顶头上司往往对你的升迁有重要影响。如果你和他相处得不错，你的工作能得到他的认可，他往往会向上一级加以汇报，这样你的工作成绩才能被更高层的领导看到。

这是不是就意味着我们要去不断拍上司马屁呢？不是的。我们确实需要对上司表现出一种友好的态度，但这种友好的态度不是谄媚，更不是拍马屁。每位上司的性格和行事风格都不尽相同，他们和下属的相处方式也会不同。一位喜欢独断专行的上司，可能就不太喜欢下属频频给出很多建议；而一位喜欢先做调研再作决定的上司，则会希望下属多给他进言。因此，并没有一种绝对适用并正确的方法。但是，如果你采取以下几种方式来对待上司，那绝对不会出错，即尊敬认同、迅速执行、适时进言。

尊敬认同是最基本的。尊重就是在遇到上司的时候，微笑着道声好，并和上司保持一定的距离。认同则是在他布置某项工作的时候，你要想的不是"这有什么可挑剔的"，而是"还有什么地方可以优化一些"，从"鸡蛋里挑骨头"心态到"优化"心态，增加你对他工作的认同感。

迅速执行，则要求你干净利落地完成工作，并不留任何弊端与隐患。说到底，上司都希望派给你任务后，你能做得又快又好。如果把任务做得足够好，上司就很容易留意到你，甚至会主动和你搭话。

适时进言。正如前面提到的，有的上司不喜欢下属献计，有的却很喜欢。但一位强势独断的上司，也有需要下属提建议的时候。例如，我之前的领导就比较强势，但他常常会问我："你怎么想？说说看。"这时候，说明他心里还没有拿定主意。你可千万别说："领导您说怎么办就怎么办。"你必须要提出一些建议来。

　　适时进言不单单指提建议，还有反馈。例如，你去完成一项上司交代的任务，在处理过程中，发现此项任务涉及多个部门，你在已经和各部门权衡商量之后，仍然没有任何结果，甚至出现了不良状况，你要把事情及时上报。上司肯定是希望在事情还没彻底弄糟前来处理，而不是已经乱成一锅粥了，才让他来"擦屁股"。毕竟，绝不给上司惹乱子，对有些上司来说，已经是不错的相处方式了。

　　除此之外，还有一点需要特别注意，就是和上司的相处，还是应该保持一些上下级的距离感。特别是和异性上司相处的时候，尽量别嘘寒问暖，除非你的岗位是秘书。有的人误以为只要让上司知道自己心里装着他，就应该时不时在他面前说："过两天降温了，要多注意添衣保暖。"或者"这两天比较干燥，要多喝水。"这样的言谈其实属于过界，除非你和上司的私交特别好，否则在职场中不应当对上司说这些话，这很容易让旁人想入非非。

　　说到这里，我们来做个简单回顾。和上司的相处之道看似复杂，但基本原则是不会变的，即尊敬认同、迅速执行和适时进言。

"会说话"原来这么简单

"会说话"与受欢迎是密不可分的。当一个人说小王特别会说话，那么与此同时，小王身上肯定还有"情商高"的标签。我们越来越抗拒"不会说话"之类的评价，但沟通最基本的是做到良好沟通，而不是口吐莲花，而实现良好沟通的第一步是清晰地表达，就是能让人明白你究竟是在说什么。

清晰表达的存在很有必要，它能解决一些因用词含糊、避重就轻、见风使舵、趋炎附势等引起的沟通问题，它会让双方的沟通更有成效。清晰表达从不是目的，它是用来解决问题的方法。因为清晰表达，你们可能会有新的解决方案，即便没有，也能引出新的想法，并提供新的视角。

同时，沟通从不狭隘，它并非只是言语上的沟通，还有肢体动作、表情、文字等等。而不论是哪种沟通方式，我们沟通的最终目标肯定是我们表达的信息被接收（被听到或被读到）、被理解、被接受，并使对方采取行动（改变行为或态度）。

　　在我看来，沟通可以简要地分为三类：语言沟通、非语言沟通、书面沟通。只要掌握了这三类沟通方式的秘诀，我们就能灵活运用于电话、演讲、面谈等沟通场景了。

　　不论是哪种沟通方式，都需要先自问：我此番沟通要达到怎样的效果？即我们需要明确沟通的原因（目的）、对象、时间、地点、内容（主题）以及方式（语气和风格）。

　　原因（目的），就是要明白因为什么才需要此番沟通；对象的明确，则会让我们预先知晓对方对我们想要表达的内容了解了多少，从而调整自己要说的内容；而时间和地点的明确也颇为重要；沟通的内容（主题）则要把握住一个原则，也就是有效沟通的“6C原则”，要确保沟通内容清晰（clear）、有建设性（constructive）、简洁（concision）、正确（correct）、礼貌（courtesy）及完整（completion）；而方式（语气和风格），则应根据你的内容和对象做出调整。

1. 语言

　　如果采取的是语言沟通的方式，那么要做到的第一点就是保证话的内容清晰。正如前面提到的，良好沟通的第一步就是清晰表达。所以只要采取的是语言沟通，就务必要保证语言清晰，要能有组织、有条理地传达你的想法。

　　当然，比清晰表达更重要的是你的立场。当某个人不知道自己想要什么，却仍要表达某些内容的时候，那么他只能抛出一堆含糊不清的言论。听者耐着性子听了一大串，仍不知所以然。如果你不知道自己究竟要说些什么，那么你说什么都是错的。

当你有了深思熟虑的观点，你的话才有了明确性。含糊的信息没有任何存在的价值，想让人迅速了解你的说话重点，就要保证话语是明确的。比如尽量用简单的词汇来解释，少说晦涩的专有名词，当然，除了内容表达要清晰，发音也要清晰。

第二点，则是要有同理心，如果想要做到对什么人说什么话，就需要在开口说话之前明确一点——同理心，同理心是设身处地为他人着想，了解他人，并适应他人。你有了同理心，就不会因为"说话直"而说出伤人的话，也就能平等而真实地对待意见相左的人。

第三点，也是很重要的一点，对话过程中要有反应。在沟通交流中，一定要对对方的话语做出反应，这个反应可以是眼神接触、肢体动作、语言回应，等等。

2. 非语言沟通

这里说的非语言沟通主要是指肢体语言和表情。肢体语言和表情很重要，因为它们传达出的信息与语言信息相关，而且这种非语言的沟通往往比说出来的话语更有力度，我们往往可以借此了解对方的情绪。

想要做好非语言沟通，第一点就是记得点头。因为点头往往是我们用来控制或推动对话过程的最主要的非语言信号，通过点头来表示你在听，并且明白对方说的是什么。

第二点就是要控制面部表情，在沟通中多微笑。面部表情的控制并不难，我们可以通过在家中的练习，让我们在沟通中自然而然地展现使人愉悦的笑容。

第三点是记得保持眼神接触，当我们看着对方的眼睛时，如果对方在说话，他会觉得我们对他说的内容感兴趣，从而继续说下去。

不要小看这些看似微不足道的细节，因为你在沟通交流中有明显的反应，会很容易让对方觉得你有亲和力。

3. 书面沟通

书面沟通依旧要遵循沟通的终极法则，也就是在下笔前问问自己：我此番沟通要达到怎样的效果？在动笔前明确沟通的原因（目的）、对象、时间、地点、内容（主题）以及方式（语气和风格）。

在这个原则下，为了使书面沟通更顺畅，你还需要做到以下几点：

第一，统一内容，也就是一份书面沟通材料只有一个主题。

第二，内容完整，也就是想要表达的事情，内容里应该均有提及，无关的内容则不写。

第三，内容准确，所有书面信息应当准确无误。

第四，表达简明，一份书面沟通材料无须洋洋洒洒，应当简单明了，易于阅读，以防造成误解。

第五，要做到即使对方不懂得相关技术细节，依然能一看就理解你想要表达的意思。

第六，为了格式的统一美观，可以去网上找一些材料（公文、报告、商务信函等）写作的固定模板，保证格式的准确。

也许，想做到口若悬河、舌灿莲花还需要更多的社会历练，但是，解除沟通的障碍还是能通过学习立马儿获得的。我们不必纠结于自己有没有三寸不烂之舌，只要运用恰当的沟通方式，掌握有效的沟通技巧，我们也能充分释放沟通的力量，做到顺畅沟通。

掌握这一点，内向者也能控住全场

在如今这个外向者主导的世界，内向者确实有很多不便，这是事实。因为我就是一名被"频频误解"的内向者。内向者是很容易被误解的——不好相处、高冷傲慢、沉默寡言、懦弱无能，等等，都是他们常常被贴的标签。

"你知道吗？我们原先都觉得你特别高傲。"我的高中同学在跟我同桌半个月后这样说道。

"喂，原来你这么厉害！昨天那个课堂演讲说得真好啊。"同一个论文小组的同学突然这么说。

"没想到你挺好相处的啊，我原先一直不敢跟你说话。"我的同事在一次聚会上如是说。

我是内向，但不代表我做不到一些事情。当大家知道我独自一人出门旅行的时候，都惊呆了；当大家看着我自信地站在台上演讲的时候，他们都无法把正侃侃而谈的我和平时寡言害羞的我联系起来；当大家知道我主动申请做一些公开活动的分享人时，大家都觉得这不是一个内向者会做的事。

这个世界上，对内向者的误解太深了。是的，我们也许不善言辞，我们也许在人多的时候总是不自在，但我们在一些场合依旧能表现得很棒，甚至会成为一名优秀的领导者。如果你要问我有什么秘诀吗？算不上秘诀，但是有方法。简言之，就是要做好准备，勇于推着自己去做。

《内向者沟通圣经》一书对内向者在这个外向者主导的世界应该如何展现自己，提出了更系统的方法，它涵盖了我一直采用的准备与推动，简称为"4P法"：准备（Preparation）、展示（Presence）、推动（Push）、练习（Practice）。

1. 准备（Preparation）

作为一名内向者，我在公开场合演讲过，在镜头前采访过，独自一人旅行过，并且表现得还不错，而我之所以能做到，主要是因为我事先做了充分的准备。

"4P法"相辅相成，构成一个正循环，而准备则是这个循环中的第一步。对内向者而言，要参与到人员较多或需要领导能力的场景中时，准备工作会给你带来可以应对任何突发状况的信心。哪怕是一点点准备，都可以缓解你的紧张情绪，并且，准备得越充分，应对就越自如。我在演讲前，或是在做线上分享前，都会一遍遍地演练，一是熟悉内容、把控时间；二是设想大家可能会提哪些问题，然后提前写下答案。

所以，不论内向者面对的是怎样的场景，如果想要表现自如，那就要做好充足的准备。你可能会遇到哪些人？可能会和他人聊起哪些话题？通过提前准备，让自己在面对场景的时候更加从容。

2.展示（Presence）

"展示"是指你在当下如何定位自己。关注当下能够帮你缓解紧张的情绪，消除认知差异，给人留下正面印象。

而做好展示，能让别人知道你是参与其中的，也就是说，你在这个场景中是以什么身份出现的。但不论你是以领导者的身份还是以普通参与者的身份出现，你都应该让别人知道你的存在。

在会议中，我们往往会发现内向者充当着会议隐形人的角色，在会议中从不发言，而且坐在角落里，等会议结束后，压根没人知道原来他也有参加。我以前就是如此，后来我意识到，更多地让别人意识到你的存在，其实也是一种赢得好感的技术。

所以，即便你在一些公共场合不发言，也可以在会议或活动开始前，主动和一些人寒暄，而寒暄的话题提前准备好就好。除此之外，还可以展现积极的行动，即开会尽量往前排坐，参加活动有互动机会时，要牢牢把握住。

3.推动（Push）

推动的力量是巨大的，有的内向者可能已经做好了准备，但就是迈不出那一步，这时要学会自己推自己一下。正如爱默生说的那样：要去做你最害怕做的事。换句话说，就是要勇于走出舒适区。

推动的回报是什么？推着你自己走出黑暗角落的一个重要好处，就是让你能够受到更多人的注意。推动自己战胜恐惧是你提高和巩固之前两项技能的最佳方法。成功后，你会发现，你只要按照你准备的来，效果都是不错的，而这会给予你很大的信心。

内向者并不是不会交谈，只是我们不太懂得闲聊。这个事情在我当电视记者的时候，感受最为深刻。在正常采访过程中，我总是能很好地进行，但是采访结束后需要补录镜头的时候，我会觉得非常尴尬，因为我该说的都说完了，这时候就不知道该说什么了，所以我非常害怕采访结束后的补录。后来，我努力找了两个对谁都适用的小话题，专门用在这时候说，慢慢地，我发现这种方法很管用，往往话题还没聊完，摄像就说镜头够了。这种直面自己最恐惧的事情后带来的效果，给了我极大的力量，后来的采访从头到尾我都十分自如了。

所以，内向者们，适当地迫使自己离开舒适区域，推动自己克服不适感，会让我们更好地适应这个世界，也能赋予我们更多的信心，让他人看到我们更多的潜力。

4.练习（Practice）

大家都熟知"一万小时理论"，实际上，这个理论强调的是练习的重要性。当我们知道了准备、展示、推动的技巧后，就要利用每一次机会来练习新的行为方式。要知道，优秀的运动员每天都在做的事情就是练习。

而作为一名内向者，只有不断地练习，才能适应这个社会。通过不断练习，会让你掌握在这个外向者主导的社会中表达自己的能力。

练习，能让你更快地成长。

5.除了"4P法"，你还需要知道的

▲不再逼自己变得外向

我相信每个内向者，包括我，都很渴望变得更外向。我一直以来最羡慕的就是那些只需三分钟就能和某个人熟络起来的人。但逼迫自己去改变是很痛苦的，所以，我们应该学着接纳自己。

内向不是错，内向也不意味着不好，它只是一种性格偏向，这是每个内向者都需要正视的问题。我们完全可以在遇到新朋友的时候，直言不讳地说："我比较内向。"因为他人不会读心术，我们需要告诉他们我们在想什么，有什么样的感受，这能为我们免去一味适应他人风格的不自在以及忍受误解的痛苦。

▲你确实需要有意识地努力

正如前面提到的那样，在这个外向者主导的社会里，内向者确实需要有意识地付出努力，不断循环练习"4P法"，才能增强自身的技能组合。这是一个过程，大家都要经历，我能做到，你也可以。

▲内向性格是可以管理的

"4P法"注重的是让我们以一个内向者的身份游刃有余地生

活。这样，我们可以在保持安静、喜欢思考、独处的同时，适应推崇"外向"和展示的社会文化。因此，我们仅仅需要自我管理，并不需要彻底转变。

内向者的演讲优势

　　我从不是一个善于交际的人，甚至有的时候我不想置身于太多人的环境里。之前我在网上写过一篇文章，这篇文章用简单的两句话就对外向型的人和内向型的人做了很好的区分。大意是说，如果一个人能从社交中获取精力，那么他就是外向型的人；但如果一个人在社交中不断消耗精力，那么他就是内向型的人。按照这个标准，我的确是内向型的人，我实在惧怕没有方向的闲谈，也着实佩服那些三分钟就能和陌生人聊得热火朝天的人。我虽不外向，但这并不妨碍我进行一场满堂喝彩的演讲。

　　实际上，我在上大学的时候，一有上台辩论、演讲的机会，我都会主动参加，甚至还代表小组参加过两回课堂展示，都取得了很不错的成绩。而且，我的第一份工作是电视台记者，这种需要到处采访、面对镜头说话的事情，我都做得非常好，一点儿都不紧张。那我这个内向型的人，究竟是怎么做到的呢？

1. 内向 ≠ 不能当众演说

很多人有这个误区，觉得内向的人就是不管在什么场合下都不爱说话或不擅长说话的人。其实不是这样的。再内向的人，碰到自己打心眼里喜欢的人，也会有很多话想表达。而我觉得内向型的人最大的障碍是害怕在陌生人面前说些没有设定话题的话。

实际上，我们熟悉的很多名人都是内向型的人，比如乔布斯、比尔·盖茨、村上春树、柴静等，但是他们的当众演说往往能赢得满堂喝彩，这证明内向不等于不能当众演说，更不等于无法进行一场完美的演讲。

我见过不少外向型的人，他们去学车，不论今天是谁和他共用一部车，也不论对方是男是女、是老是少，他总能插入他们的话题，一点儿也不让人觉得突兀。而我作为一名内向型的人，常常只能扮演倾听者的角色，一是因为我不知道该在什么时候插入他们的谈话；二是因为我不知道可以说些什么。

但如果你有一个话题，并告诉我今天就谈这个话题，不许说别的。那我绝对是举证最充分、数据最多的那个。因为内向型的人可以很好地做好数据的收集、整理、分类，但我们最害怕的就是漫无目的的闲谈。

所以，你需要跳出这一误区：内向型的人并不是不能当众演说，而是没办法漫无目的地演说。

2.做好充分的演说前准备

实际上，内向型的人有着独有的优点，比如逻辑思维清晰、容易静下心来分析钻研、用语更加平实等。那么在做一次当众演讲之前，就要利用这些优势来做好准备。

（1）利用思维导图拟好演说大纲。借助思维导图类软件，把你想要讲的内容从主到次、从粗到细进行梳理。当然，这个过程不是一蹴而就的，肯定需要你多次微调。如果你不习惯用思维导图，也可以用 Word 文档按层次写出你的演说大纲。一般情况下，可以按照"总—分—总"的结构，先大体说下主题，然后细分为几个小模块，每个模块里又有哪些内容，最后再做个总结。

（2）做好演说材料的收集。确定演说大纲之后，就要根据大纲，上网搜索相关资料。个人建议先把相关资料一股脑地复制粘贴在文档里。而且，因为用不同的搜索引擎搜出来的资料也不同，所以可以多尝试几种搜索引擎。

（3）做好材料的整理归类。认真阅读收集来的资料，把相似的内容剪切整合在另一份文档里，并保证每个模块的内容归属于一个文档。

（4）做好归类材料的整合。再新建一个文档，按照你的演说大纲，把刚才的多个分类文档，按照你的演说思路，整合在一起。这时候，一份演说的初稿就形成了。接下来要做的就是细化、微调了。

（5）根据演说稿制作PPT。如果你的演说需要用到PPT，这时候可以根据你确定下来的演说稿制作PPT。

（6）自己一人计时试讲。这一步对于内向型的人来说尤为重要。根据我个人的经验，我试讲的次数越多，实际演讲的效果就越好。就像说相声一样，说多了自然就知道怎么抖包袱观众最能买账。这时候的试讲，你要当作是正式演说，也就是要对照着PPT演说，要有停顿之类的，想象你对面坐着的听众，同时开始演说时要看下开始时间。在说完后，再看下结束时间，计算一下时间是否超过了规定时间，如果超时，就要删减掉一部分演讲的内容，如果没超时，那就在演讲稿里加一两个例子。

我在正式演说前，会独自模拟演说至少三次，每一次的试讲要确保比上一次对时间的把控更好，停顿更自然，肢体动作更流畅。同时在每次试讲后，要总结自己的表现，哪里需要注意，就要用笔在演说稿上标记出来，演说稿需要着重强调的内容，可以用荧光笔做记号。

（7）提前到演说的地方踩点。我当初的课堂小组演说因为就在班上，所以是在自己比较熟悉的环境，但是要用教室电脑放映PPT，所以我还是提前到班上，先调试过PPT，保证完全没有问题后才正式开讲的。如果你没有调试而出了问题，对于外向型的人可能打个哈哈就圆场了，但对于内向型的人来说，可能场面就会陷入尴尬。

为了避免这种不必要的尴尬，在演说前一定要花时间做好调试。如果演说地点是你从没去过的地方，那么请在演说之前到这个地方去，在那里多走两圈，甚至可以在那边试讲、边走位。这样到了正式演说当天，这个地方对你来说就不是一个完全陌生的地方了，也不会那么紧张了。

3. 允许自己有出错的权利

内向型的人很容易陷入一个怪圈。如果自己在说的过程中，下面的听众一点儿反应都没有，心里就开始慌张起来，觉得自己是不是哪里说错了或者说得不好。

对于一名内向型的人而言，允许自己出错，这一点至关重要。我们都明白，是人都会犯错。但很多内向型的人会觉得：哎呀，我都已经做了这么充分的准备了，结果效果还是不好！然后就开始一个劲儿地责备自己。但我们为什么不换个角度思考一下呢？作为一名内向型的人，能够登台从容地站在这里对着这么多人演说，对我们来说已经是一种成功了，如果能说得好那更是锦上添花的事情，出现一些意外状况也没必要过分自责。

要知道，别人记得我们出错或是出糗的时间是很短的，远比我们预计的要短得多。我之前听过一个故事，张三还在上中学时做过一次演讲，结果在全校师生面前犯了错，他感到非常难过，因为觉得自己是深受老师信赖，才得以在全校师生面前演讲的，结果自己却没有表现好。他十分自责，每次看到老师和同学就说："我那次真的是没准备充分，下回肯定不会再犯这种错误了。"刚开始老师和同学还会安慰他："没事的，别放在心上。"谁知过了一段时间后，张三还在不厌其烦地提起这件事，这让老师和同学们开始感到厌烦。实际上，如果张三不主动提起，大家早就忘记这件事了。

所以，我们要允许自己出错，如果出错了也没关系，吸取教训下次重新来过就好。要知道，很多时候，失败的代价并没有我们认为的那么高。

4.这些方法也许能让你应对演说失误

在演讲中，我们难免会遇到一些突发状况，如果你有这方面的忧虑，不妨参考下以下三个技巧：

（1）如果你担心忘词的事情发生，在上台前，你可以把演说稿放在口袋里或是桌子上。如果演讲过程中真忘词了，那就先停顿一下，停下来也许会帮助你更好地理清思路。如果停下来了还是没想起来，那么就可以说：为了我们的演讲继续，我觉得我现在必须要再看一眼稿子。然后迅速看完，再淡定地继续就可以了。

而为了更好地应对你万一忘词的状况，一份划有重点、有标注的演讲稿的作用要远大于仅是白纸黑字的演讲稿。所以，在演讲前做好准备，多次试讲并做好标注，是不可忽略的一步。

（2）如果紧张，别看听众的眼睛。内向型的人往往会害怕和陌生人保持眼神接触，那也没关系，你可以看着听众的头顶或是眉心，这样在听众看来，你的视线还是和他们大致在同一个水平线上。切记眼睛不要上下左右地乱看，尽量保持在某几个方位，这能让你看起来更自信。

（3）如果你会发抖，不要拿着稿纸演讲。因为纸会扩大你发抖的程度，你可以把手搭在讲台上。当你觉得好一点儿了，就走到台前继续你的演讲。一旦你觉得紧张了，就走回讲台，慢慢调整自己，放松之后，再继续正常演说。

Part 7
自我赋能，实现指数进阶

你的身价由什么决定?

我参加过一场现金流模拟沙盘游戏。在游戏结束进行复盘时，理财师把关注点落在了资产增长上，即经过了一场游戏，大家手上的资产是实现了正增长还是负增长。这不禁让我陷入深思：我们在职场上的资产是正增长还是负增长呢?

我换过几次工作，所以非常明白：当你想跳槽，新公司也有意要录用你时，一个问题总是不可避免，那就是"你之前的工资是多少"。而且，你在这家公司究竟能拿到多少钱，之前的工资是个很好的参考。所以，每次求职，我都真切地感受到"在职场上每个人都有一个价格"，而薪资在很大程度上就代表了你在职场的价值，也就是你的身价。

供求关系决定一切，人才市场也不例外。你总得在职场上扮演一个角色，是炙手可热还是无人问津，这在于你自己。你不主动定位自己，别人就会自动先入为主地定位你。

网上流传着这么一句话：你要想遇到对的人，你自己要先成为一个足够好的人。我沿用下这个句式，在职场中，你要想遇到能让你实现"身价"正增长的公司或团队，前提是你自己先成为一个"有价值"的人。要成为一个有"职场身价"的人，你应该做好学习、做事、助人与挑战这四件事。

1. 不断地学习

学习职场技能，让自己有一技傍身，绝对是职场身价上涨的关键因素。你不妨仔细观察下，那些能在职场上稳步上升的人，肯定不会骄傲自满、止步不前。一个人不学习，仅仅凭借着脑海里的"库存"，兴许能在职场上捱个三五年，但要靠着这点儿存货一直往上走，那绝对是行不通的。更何况，现在的职场竞争如此激烈，在别人都努力学习的时候，你的静止就是后退。

作为一名职场人，你首先应该学习那些和你的工作内容相关的知识。举个例子，身为一名秘书，就去学学文书写作、商务礼仪之类的知识；身为一名网络编辑，就去学学PS、排版之类的知识。总之，先从工作相关的内容开始学，等到完全掌握了之后，再开始学那些有助于能力提升的软技能。

职场上有不少通用能力，大家习惯把它称为"可迁移能力"。可迁移能力，顾名思义，是一项不随行业或岗位变动，可以持续使用的能力。当你拥有了这项技能，你可以在互联网行业用它"打怪"，也可以在制造业依靠它"升级"。像人际沟通能力、结构思考能力、写作能力、搜索整理能力，都属于可迁移能力。而这些能力，在网络上都可以找到相应的学习课程。你可以通过系统学习，来慢慢获得这项能力。

如果说，和我们工作内容息息相关的技能是"硬技能"，那可迁移能力就是"软技能"。它们的区别有点儿像电脑的硬件与软件。电脑没有硬件无法运行，但如果只有硬件却没有软件，电脑也没有什么用处。相应的，我们要想提高"职场身价"，就要在学习"硬技能"的基础上，学习"软技能"。在职场上"软硬兼施"，才能让我们的"身价"不断提升。

2.认真做好每一件事，让人觉得你值得信赖

"认真工作"这四个字是不会错的。不论你现在做的工作是否是你真心喜欢的，你都需要认真对待它，尽力把每一件事都做好。

有的人总喜欢拿"我不喜欢这份工作"或"这份工作和我的兴趣不吻合"之类的借口做自己办事马虎的挡箭牌。但在职场上，兴趣从来都不是最重要的。只要一件事你能做好，做得比谁都好，或是比大多数人都好，你就比较容易对这件事产生兴趣。在职场上，让兴趣产生在做得到和做得好之后，这并没有什么不妥。

毕加索曾说过这么一段话："我的母亲告诉我：'如果你去当兵，你会成为将军；如果你去当神父，你会成为教皇。'但我学了画画，于是我成了毕加索。"

因此，你只有认真地去做一件事，尽量把它做到最好，这会让你赢得他人的信任，提高你的"职场身价"。

3.学会帮助他人，打造良性关系网

现在，请你回想下，上学期间班上票选班干部，票数最高的那位同学是不是能力最强的？也许是，也许不是，但这个人多半是候选人里面人缘最好的。两个能力相当的人，当选的一定是人际关系更好的那个，有时甚至人际关系好、能力一般的人还胜过人际关系差、能力很强的人。

这个道理在职场上也是一样的。在职场问题中，"为什么我比×××更努力，年终加薪升职的却是他而不是我"这个问题绝对能排进前几名。在如今的职场中，一人默默耕耘已经很难闯出一片天了，你需要拼命体现你的个人价值才可能有更多的机会。那要如何体现呢？答案就是在互动中体现。

不论你做的是"外放型"的工作岗位（如销售、公关），还是"内敛型"的工作岗位（如程序员、文员），你的工作价值一般只能体现在互动之中。"外放型"的工作岗位不用赘述，大家也都明白，他们的工作职责本身就是要和很多人进行互动，而他们的价值也在不同的互动中体现；而"内敛型"的工作岗位也一样。程序员辛辛苦苦写的代码需要交付给上司，文员认认真真写的文件需要给办公室主任过目。对于内敛型工作岗位的从事者来说，交付过程的沟通以及他人的评价与反馈就能体现出这个人在这家公司的价值。

在职场上，要想迅速提升个人价值，除了要有一定的工作能力，还得用心经营你的人际关系。要记得，专业能力强与人际能力

强从不处于对立面。现在绝大多数的职位都是用专业能力和上下游关系进行环节对接，在与人充分互动的过程中解决问题、创造价值的。你们对接任务的顺畅程度，直接影响工作的效率和质量。因此，你需要刻意培养良好的互动意识，和公司上下级尽量保持一个良好关系，小到公司前台、保安、保洁，大到部门经理，甚至老板等。

当同事拜托你帮忙做某件事时，不论你是否真心愿意，只要你已经答应下来了，就应该尽量去完成，不要出尔反尔。答应之后的出尔反尔，还不如一开始就不答应。而帮同事做某件事的时候，最好不要马马虎虎地敷衍，而要尽力超过别人的预期，这样大家才会觉得你靠谱，值得信任。

当你建立起健康有活力的人际网后，你的工作就会事半功倍。

4.和领导多交流

不知道大家发现没有，经常和领导交流的人，工作能力往往更容易得到肯定，也比较容易升迁。我的前任领导配有两个秘书，一个是我，另一个是和我年纪相仿的女生。实际上，她比我早一年到公司上班，但后来，我走得和领导更近一些，自然，我的能力也得到领导更多的肯定。

作为秘书，经常需要将下级部门的材料转交给领导，我刚入职时就发现，那位女生除非迫不得已，否则绝不会主动将相关材料转交给领导，大多都是办公室主任恰好有事找领导的时候，她才把材料给办公室主任，让他拿进去。

"领导好严肃，我怕他。"我刚到公司的时候，她这么告诉我。

一次，又有人有文件需要转交领导，但当时办公室主任不在办公室，所以她就直接把文件交给了我，而我几乎没有太多的犹豫，在确认领导办公室没有访客的情况下，就直接把材料递送到了领导那里。后来大家基本上都会把材料交给我，让我转交，因为他们知道我会以最快的速度拿进去，这样文件才能更快地批复下来。

再后来，领导开始直接派任务给我做。当我的工作成果得到领导认可后，他开始把那名女生的部分工作任务也转交给我，这样那名女生的工作任务就越来越少，同时领导对她也越来越不满，最后她终于被"炒"了。

在职场上，你有工作能力是一回事，但能不能让领导看到又是另一回事。如果你想让领导看到，你就要不失时机地把你的工作成绩在他面前展示出来。

让你和领导多交流，并不是让你去拍领导"马屁"，或是"挤牙膏"似的聊天，而是让你认真地对待自己和领导的关系。你要知道，领导是你最重要的同盟，他们虽然容易和你有距离感，但是你们的目标是相同的。你只有认真对待和领导的关系，认真对待你们之间的每次交流，才能渐渐达到互信的状态。

5.主动走出舒适区，尝试一些有挑战性的事

如果说，前面几种方法，是在职场上稳扎稳打，让手上钞票慢

慢变多的一般方式，那主动走出舒适区就是让你的"职场身价"快速上涨的特效药了。

这就好比现金流游戏。游戏一开始，我们手上都有少量的现金，这些钱是我们每个月的工资减去支出后所剩余的钱，也就是我们的现金流。而我们要做的，就是在"老鼠赛道"（现金流游戏中的内圈赛道）上通过做小生意或是大买卖的方式让自己的钱变多，让自己拥有工资之外的其他收入，然后当工资外的收入大于我们每月总支出的时候，我们就可以跳出"老鼠赛道"，进入所谓的"富人圈"，也就是快车道了。

所有人一开始都是在"老鼠赛道"里，最后能跳出来的人是通过什么方式让自己的工资外收入大于每月的总支出呢？我总结了一下，发现他们一般会先向银行贷款，让自己手上的现金变多，虽然每个月都要还银行利息，但是，贷款让他们有了做生意的成本。在拿到资金后，他们会做几个小生意，但到此为止，他们依然没有跳出"老鼠赛道"，等到钱积累到一定数量，再做一笔大买卖，比如购入房产，在适当的时候售出，采取这样的方式让自己从"老鼠赛道"跳到"富人圈"。

向银行贷款，每月还利息，其实就是主动走出舒适区的方式。如果你永远不贷款，甚至不把自己一开始放在银行里的钱取出来，那么你会一直在"老鼠赛道"中打转。只有主动把自己推出舒适区，让自己有些不舒服，我们才会更主动积极地寻求成长。

我在2017年时给自己定了一个"不靠工资生活6个月"的目

标，并为此付出努力，把自己推出了舒适区。虽然在这个过程中遇到了很多坎儿，但当我这个目标实现的时候，我非常感激自己的"狠心"。因为在这6个月里我收获了很多。就是在这6个月里，我通过写作可以挣到钱了，还有了出书的机会，但倘若我一直不走出舒适区，我永远都是"刚刚好"的样子。

尝试给自己一些挑战吧，虽然不适感会让你有些不安，但它也会让你变得更有动力。毕竟生物都是因为"对手"的存在，才保持警惕，活到现在的。

加薪应该这样谈

身为职场人，大多数人最关心的两个实际问题，应该就是发展空间和薪酬福利了吧。很多人觉得发展空间是能公开言说的，我们在应聘的时候，一些HR也会主动告诉你这个岗位的发展空间及上升渠道是怎样的。但关于薪酬这件事，似乎就不好摆在台面上说了。

很多人想要跳槽的原因就是觉得钱给少了。但实际上，当你觉得钱少的时候，跳槽并非唯一的选择，你完全可以和老板谈谈加薪的事情。但在谈加薪这件事上，有两个常见的误区，你需要避开：

误区一：告诉老板自己过得不如意。

一见到老板，就跟老板说，我来公司这么久，累死累活做了不少事，结果工资没涨，我还要娶妻生子呢，工资已经应付不了生活开支了。总之就是走哭穷的套路，把自己的情况说得要多惨有多惨，但很遗憾，这种"求打赏"的加薪姿态，往往不会有好结果。

误区二：告诉老板我很不爽。

能直接跟老板表明不爽的人，大多是工作做得还不错的，并且他们很清楚自己在公司的位置。所以在谈加薪时，他们会跟老板说：我的工作业绩和我的工资不对等，甚至和某个同事的不对等。我已经被公司亏待很久了，再这样下去，我很可能会直接撂挑子不干。然而，这种间接控诉老板有眼无珠的说法，通常也是行不通的。许多老板听到这种控诉，往往会在一气之下回你一句："那你就递交辞呈吧。"你可怎么办呢？

那怎样谈加薪才是正确的呢？自然是让老板知道你值这么多钱，而不是你需要这么多钱。谨记，老板是商人，商人看重的是你能给我带来怎样的回报。所以，在谈加薪前，有几件事是需要注意的。

1. 在谈加薪前，给自己设定一个加薪的目标，并端正心态

这和一开始应聘谈薪酬时一样，你要给自己"划一条线"。比如小王给自己"划的线"就是期望能加薪15%，但如果最终加薪10%，也能接受。接着就是按照这个百分比算出加薪后的数字，记住这个数字区间，这样才能在老板开价的时候较快作出判断。

在明确加薪的目标后，还需要端正心态。在谈加薪前，要把期待值尽可能地降低。你要明白，这次加薪的诉求可能不会得到肯定的答案，因此，在和老板谈加薪之前，先说服自己，别把加薪当成唯一目标。如果客观条件确实不能实现你的加薪目标，但有可能得到明确的加薪标准，或是让老板认真地思考这件事，也是可以的。

2.最好别在周一、周五和大清早去谈加薪

周一一般是很多例会的集中时间，大家一般都比较忙，老板可能无暇顾及工作之外的事情，而周五则是大家准备放松的时间。因此，谈加薪的最佳时间是周二到周四下班前的那一小段时间。

而真正谈加薪时，你还须注意如下事情。

▲不要一上来就说"我需要加薪"

一见到老板就说："我具备肯定能为公司创造怎样的业绩，因此我觉得我应该加薪15%。"

这并不是最好的选择。

你可以先让老板知道你有加薪的意愿。例如你可以说："老板，我想知道，在我们公司，员工大概要达到怎样的条件才可以加薪？"或者"我想知道，我们公司下回调薪是什么时候？涨幅又是多少呢？"

一旦你这么说了之后，加薪就从"我想不想给你加薪"向"你符不符合加薪的条件"的方向转变了，一旦规则开始明确，就有点儿像"考核"，你符合标准了，那就该给你涨工资。所以，在这个问题下，老板会告诉你加薪的标准。

▲如果符合加薪标准，就要让老板知道你符合

当我们知道公司加薪的客观标准后，我们要大方地让老板知道我们的工作表现。我们可以有实例、有数据地列举自己的工作成绩，以表明自己达到了老板所说的标准。

▲只谈过去是不够的，还要谈未来

就像我前面提到的，老板关心的是，为你投入的钱能换来多大的收益，所以你必须带着他共同"畅想"一下美好的未来。

你可以告诉老板，从你刚才跟他说的那些工作成绩中，他也知道你具备了相应的工作能力，而未来公司发展的主要方向，你的能力将会大有用处，你也有信心为公司带来怎样的业绩。

说清了谈加薪的误区、注意事项及方法之后，还有两个需要明白的地方。

▲一是不同公司能谈下来的加薪幅度差距很大。

公司制度、考核办法越完善的公司，谈加薪越不容易，因为加薪与否基本是按照制度和标准实施的，它受员工的工龄、具体岗位、合同期限等因素影响。央企、国企都属于这个类型。但这是否就意味着在央企、国企就职的人，就没办法和老板谈加薪了呢？我的观点是，还是可以去谈的。如果你的上司很认可你的工作能力，他会继续往上反馈，不管最后是否会加薪，至少会给你一个明确的答复。

▲二是谈加薪可以视作一个循序渐进的过程。

总想着第一次提加薪老板就毫不犹豫地答应，未免太过乐观。其实，你可以一步步来，比如先问问加薪的标准，过一段时间后，再和老板谈谈自己的工作，最好再直言加薪的事。

这就是关于谈加薪的一些经验，希望能对你有所帮助。

塑造"个人品牌"的影响力

身在职场，大多数人都希望自己在有生之年，能走到一个比较高的职位上。然而人才济济，为什么领导要提拔你，而不是提拔其他人呢？这其实和你个人在职场中展现出的工作态度有很大关系，你需要想方设法地在职场中做出让上级觉得你值得提拔的行为。

1.以职业的眼光来看待你的工作

工作和职业是不同的。在英文中，工作是"job"，职业是"career"，按照这两个英文单词的释义来看，工作是为了养家糊口，而职业则是为了长远发展和意义感。

工作就像"一手交钱、一手交货"的买卖，你付给我报酬，我把任务完成交付给你。但如果是职业，我们就可能会做一些当前看来并没有回报的事情。

比如一个人想把写作当作一个职业，那么他前期需要涉猎大量书籍，写很多赚不到钱的书稿，甚至还要到处做一些免费的经验分享。但如果把写作当作工作，那么一定要明码标价，才会去写。

在职场上，把一份工作看作"职业"而不是单纯的"工作"，会让人走得更远。因此，在公司里，我们要有长远的眼光，而不是想着我就是要做马上就能看到回报的事情。相反，凡是对未来职业发展有利的事，即便现在没有报酬也应该去做。

2.打造你的个人品牌

说"个人品牌"好像概念大了点儿，但在职场中，每个人都在无形中形成了自己的个人品牌。比如你去沟通一件事情，怎么说都搞不定，这时，你可能会想起某一位很擅长人际沟通的同事。还有，当你的电脑出现问题时，第一反应总会想起某某某。当你写的报告，领导总是不满意，你就会想：如果某某某在就好了，我可以请教他。

其实这些印象就是一个人在职场上的个人品牌。只是我们在公司中很少刻意强调这个概念，所以大多数人还没有形成个人品牌的意识。在职场上，如果我们刻意经营我们的个人品牌，那么你被频繁记起的概率就会更大。

那么，要如何在职场中打造自己的个人品牌呢？

首先，你的个人品牌应该能满足公司需求。它是宣传、文案、英文，还是执行力或沟通能力？选择一个你做得最好的，或者最符合公司需求的，然后，借助每一次机会，把你的个人品牌推广出去。

举个例子，你发现自己做得好，并且符合公司需求的能力是执行力，那么，你应该把握住每次自我展示和总结发言的机会，向大家传递"我的执行能力很强，'拖延症'在我身上压根就不存在，我会把事情办到最好"的信息。通过这样刻意的展现，再加上确实可靠的行动力，大家就会记住你是个执行力很强的人，下回有什么比较大但又比较紧急的项目的时候，他们就会自然而然地想到你。

这其实有点儿像推销员的手法。很多银行的客户经理及保险推销人员，逢年过节就会给客户发问候信息，收件人在收到消息时，可能并不会购买那些理财产品或保险，但有一天当他们需要的时候，就会想起当初发信息的那些推销人员了。

3. 主动参与新业务

不少公司表面上的业务很稳定，但他们仍会设立不少新兴部门。就好比传统的图书行业，在他人看来已经是夕阳产业了，但是出版集团也设有新媒体部门、电商部门等新兴部门，负责运营公众号，开展线上读书会等，通过实体店与新媒体结合的方式，提升企业利润。

要想在公司里早日混出个名堂，主动参与到新业务中去不失为一个好的选择。我们现在每天都要用的微信，就是当初腾讯的新部门；美团公司的外卖，也是美团后来才成立的新部门。因为是新业务，所以在初创阶段往往会有公司的大力扶持。如果你意外得知新公司要拓展新业务的消息，你应该主动请缨。公司中的新业务常常藏着新的发展机遇，在这里你更有可能进入成长的快车道。

说到底，在公司中，因为平台较大、人才较多的原因，我们应该想方设法地跳出来，怎么跳？无非是要具备核心竞争力，即有让人印象深刻的"个人品牌"，要不就是主动到新业务部门去，和前辈们在同一起跑线上，一边学习一边进阶。

职场是价值的交换中心。总有人会对你进行定义，你应该做的，就是在别人对你进行"不正当"定义之前，先为自己做个定义，然后让大家记住你的定义。

30岁之后应该有怎样的职业规划？

我毕业参加工作已经5年了，这个时间并不长，但因为我辗转换过几份工作，便从中了解了职场的残酷。如果你有个好的毕业院校的名头，比如"985"或者"211"，那你会比较容易找到一份工作。即便没有好学校的加持，找对口专业的工作也并不难。但当你有了几年的工作经验，再因一些客观或主观的原因跳槽时，就会发现，这时候找工作竟比应届毕业生找工作更加困难。

就业市场对应届毕业生很宽容，只要你做好了一个学生的职责——好好学习了专业课程，就业市场就比较认可。如果你还有其他技能，比如一口流利的英语、高超的PS技巧、扎实的写作能力，那么用人公司对你会十分欣赏。但一旦你工作几年后准备跳槽，就会发现想找个符合你年龄和经历的高等职位会很难，因为就业市场不会再用衡量应届毕业生的标准来衡量你了。

HR和老板多半会想要知道，你之前的任职经历里是否做过什么项目？你在这个项目中扮演着怎样的角色？又有怎样的成绩？

如果你工作多年，值得说道的事儿有哪几件？因为你不再是初入社会的新人了，即便你可以在工作中不断学习、提升自己，公司已经不再愿意给你学习的时间，他们不会再像培养一个新人一样培养你。当你是一名应届毕业生时，公司看重的是你的潜力，而当你是一名工作多年的职场人时，公司看重的则是你的实力。这就是真相，有些残酷，但很真实。

也许你想着，我要一辈子在这家公司干到老，我不换工作了，这样就不用接受其他公司的挑挑拣拣。但是，现在整个社会都在飞速发展，你觉得你能在同一家公司一直干到退休，不被公司解雇吗？或者说，你的公司能扛到你退休的时候吗？画地为牢的结果，不是你被公司淘汰了，就是你的公司被市场淘汰了。

可能有人会说，我所在的公司可是"铁饭碗"呢！但看看我们父母那一代人吧，所谓的"铁饭碗"在该裁员、该集体下岗的时候，一次都没手软，所以铁饭碗也不是那么容易端的。与其把自己全盘托付给公司，倒不如自己把控来得更切合实际。

要做到这一点，首先，你要有"职场清零"的意识。只要一入职场，你就应该适当放下自己以往的"光环"，名校也好，总裁秘书、部门经理也好，你应该聚焦的是现在的你，以及未来的你，而不是过去的你。

为此，不论你是否有跳槽离职的打算，你都应该每年更新一次简历。然后，把更新后的简历和更新之前进行对比，看看自己这一年是得过且过还是有所成长。这么做之后，你有可能会发现更可怕的事——你无法更新你的简历，因为你这一年过得和去年一样，不论是职位还是工作内容都没变化。一旦出现这种情况，请给自己敲一下警钟，告诉自己必须要改变，停滞不前是很大的危险，必须要有紧迫感。

你应该尽量让自己变成职场的"抢手货"，可以考虑从以下三种途径入手：

第一，成为"匠人"。匠人会把一件事情做到极致，比如日本的寿司之神小野二郎及国宝级的清洁工新津春子，都是把一件看似很小的事做细、做精。沿用同样的思路，你可以做顶级的销售员，就像我们的保险皇后刘朝霞一样。你也可以做顶级的广告人、顶级的设计师等等。总之，把你的不可替代性最大化，你就能成为同类人中的佼佼者。

第二，成为"稀缺人才"。物以稀为贵，如果你没法做到最顶尖，那就试试做稀缺的人才。比如现在人工智能技术正在崛起，但因为这块市场刚刚开拓不久，相应的人才没能及时补充配备上，所以人工智能方面的人才相对较少。在这种情况下，如果你有这个能力，你就应该"跳"出来了。

第三，做被人信任、靠谱的职场人。坦白说，大部分人没办法成为最顶尖的那一个，所以算不得稀缺型人才，但不出众并不意味着一定会出局。普通的我们可能做着普通的工作，但是我们完全可以凭借丰富的工作经验、足够的资历和能力，让自己成为一个被人信任、靠谱的职场人。也就是说，我们在职场上，干活要干到让老板、客户看到是你来接这项工作，他们就会非常放心的程度。

其实不管是上面的哪一类人，都不是那么容易做到的。你要想让自己在就业市场上永远有市场，你就要有职场紧迫感。别让你每年增加的只是年龄，更别让你的本事配不上你的年龄和欲望。

如何走出职场倦怠期

我有位同事很可爱，她的上班情绪变化很有代表性。

周一早上，刚从公司班车上下来，她就会快快地说："周末两天怎么过得这么快啊！又要上班了啊！"

周二下班，她会说："怎么才周二，时间过得好慢啊！"

到了周三，她会说："如果今天是周四就好了。"

终于到了周四，她会说："这一周事情怎么这么多啊，太烦了。"

好了，周五了，她会喜笑颜开："终于要到周末啦！"

我真的一点儿也没夸张，每一周，她都会将一周五个工作日以不同的心情轮番转换。除此之外，她还有更可爱的语句。

"今天太阳好好哦，好适合在阳台上或是公园里晒太阳啊！"

"今天下这么大雨，就应该在家里睡觉才对嘛。"

"今天阴天，昏昏沉沉的，在家里休息最好了。"

我忍不住说："那我估计公司会说，你们这一群人怎么回事？天气好要出去晒太阳，天气不好要在家里睡觉，那哪天适合来上班啊？"

结果大家都"扑哧"一下被我逗笑了。

其实我想说的是，每家公司都会有这样可爱的员工，总觉得每个工作日都"不宜上班"。但你们有没有想过，为什么你会反感上班，甚至觉得一天8小时就算什么也没干，就坐在工位上也觉得非常累呢？

其实，答案也不难找到。那是因为你的人是来上班了，但是你的灵魂还在家里呢。这种身心分离的状态是让你厌烦和心累的主要原因。

那既然我们不可避免地要上班，那至少应该让自己每天1/3的时间尽量开心一点儿吧。所以，每个月有22天都不想上班的你，是时候重新找回对工作以及生活的掌控权了，现在开始主动而非被动的工作吧！

1.摆脱上司对你时间的控制，重新掌握生活主动权

首先，你要明确自己工作和生活的界限。如果你觉得自己好像一直都在工作，那么即便周末待在家里，你也无法完全放松。所以不论你每天是要工作7小时，还是8小时，你要做的就是在这一段时间里好好为公司、为老板工作，把工作做到自己能力范围内的最佳程度，以避免加班。

如果时间紧、任务重，你不得不加班，那么请在公司加班，千万别把工作带回家做。在家里加班，你的心情会非常糟糕。当你穿着睡衣，面对电脑，双手在键盘上飞速敲打时，你就会想："我

是造了什么孽，为什么要加班，为什么！"更糟糕的是，如果你的家里还有其他人或宠物，你的心情会更糟糕，因为你觉得和他们相处的时间被你"万恶"的工作给剥夺了。

所以，请尽量将工作留在工作场合完成，如果万不得已，一定要在家里加班，那也请你在家里划出一块"加班区域"，然后规定自己只能在这个区域内工作。一旦你脱离了这个区域，你就要完成从工作到生活的切换。

除此之外，我们还可以通过设置"结束工作"的信号，让我们从工作的禁锢中逃脱出来。有时候，虽然你的人已经下班了，但你的意识还停留在工作中。所以最好的方式是刻意设置一个信号，这个信号本身就能让你放松，比如听音乐、阅读或冥想。你完全可以在下班的时候听一首歌，或简单冥想5分钟，把工作的思绪暂时抛开。

最后，是我个人的一个小方法，这个方法是我在DISC商学院学习时学到的。当我们觉得工作很烦躁的时候，或是想要从一种情境快速切换到另一种情境的时候，我们可以站着或坐着，把一只手臂向前伸直，掌心朝上，然后假装手掌上放着一个重物，现在你要把它用力往身后抛，抛的时候，让手掌超过你的头顶，一边抛，一边喊"哇哦"，这样会比较容易从之前的情绪中走出来。这个小方法对我非常管用，你也可以试试看。

2.重新平衡你的生活，除了工作你还有其他事可做

大多数人不想上班，往往是因为他们的生活里可能只有工作，

不上班的时候也不知道要干什么，长此以往，就容易形成自己有事可做的时候似乎都在工作的错觉。如果你属于这个情况，那么能让你不厌烦上班的方法就是，在工作之余尽可能多地挖掘一些可做的事情。

你可以养一点儿绿植，下班后照看它们，给它们松松土、施施肥、浇浇水，这个方法比较适合那些老是喊着自己下班已经很晚、没什么时间的人。你也可以把日常的事情发展成别致的兴趣，例如做早餐这件事，你可以跟着网上的食谱做一些简单好吃的早餐，做完后再拍一张照片分享出去，说不定会有很多人开始每天点赞你的早餐晒图，这样你会很开心，很有成就感。当然，你还可以跑步、健身，或是参加各种各样的活动。

除了这些比较容易做到的事之外，我们还可以学画画、弹乐器，总之你有什么兴趣都可以去尝试，尝试后觉得有兴趣深入学习，再去系统学习，这样你在工作之余也会有事可做。你甚至可以把你很擅长做的事通过文字、音频或视频分享出去，说不定它们还能为你带来额外收入呢！

总之一句话，尽量让你下班后的生活充实起来，即便你什么都不学，安心享受和家人在一起的时光，也很美好。

赋予工作意义，才有追寻的动力。其实想真正不厌烦工作，有个说起来简单但比较难做到的方法，就是打心底里愿意去做这份工作。如果一件事是自发自愿的，不光做的时候心里舒服，效率也会高很多。

我上大学的时候，听统计学老师说过这样一件事。她说，如果要给她目前的工作评分，她会选择5分。原因是她喜欢教书，却讨厌做科研，因此两项中和一下，让她觉得工作不好不坏。接着她又说自己非常羡慕她的先生，因为她先生极其热爱他的工作。老师说，她先生一放春节长假，就在家里念叨："家里好无聊啊，好想去上班"。而春节假期的最后一天，她的先生会开心得像个孩子，喊着："明天终于可以去上班了！"

当时我听完这个故事，第一感觉就是我也很羡慕老师的先生，因为他能找到一份自己非常热爱的工作，每天都觉得时间太短暂，而非太漫长。可是，我们大部分人都没有找到这种自己热爱的工作，许多人都在日复一日的工作后，慢慢就感到厌倦了。

如果你发现你有这样的情况，那除了跳槽找一份自己打心底热爱的工作之外，我们可以学着给自己的行动赋予更大的意义。

有这么一个故事：美国海军陆战队培养士兵时的训练特别严苛，现在正有一批新兵在接受最后的考验，他们已经连续行军两天，每天的睡眠时间不足4小时，很多士兵都多处负伤，其中一个新兵濒临崩溃，马上就要放弃了。队友问他："你为什么来这儿？"这个新兵说："我要成为海军陆战队的一员，给家人更好的生活。"队友告诉他："你的妻子刚刚生下了女儿，如果你能通过最后的考验，就可以和家人团圆了。"就是在这个信念的激励下，这名新兵最终完成了考验。

通过这个故事，我们会发现，有的工作内容虽然无法激起我们的兴趣，但是我们可以将工作和选择的意义联系起来。也就是弄明白，你当初选择这份工作是为了高薪还是为了自由抑或是为了安稳？找到你当初选择它的意义，并不断地提醒自己，让它产生强大的动力。

除此之外，我们还可以重新为我们的工作下一个定义。

假如你是一名护士，你觉得工作很辛苦，还经常遇到不通情理的患者和无理取闹的患者家属，那么你可以告诉自己，我的职业非常光荣，因为我的存在，那些病患才能更好地被照顾；因为我的存在，医生才能减轻一些负担。

同理，如果你是一名教师，你就要充分认可你自己教书育人、为国家培养人才的荣誉感；如果你是一名行政人员，你就要告诉自己，虽然我的工作微不足道，但公司如果没了我，那么那些小问题就会没人处理，久而久之就会成为大问题。

总之，充分认可自己的职业使命感，为它赋予更多的意义，能让自己有更强的动力去做这份工作。

内核驱动，找回工作

有这样一句话：有人的地方就有江湖，有江湖就有竞争。这样说来，职场就注定是个不安分的场合。你今天可能感到心理落差，明天可能觉得烦躁，后天又觉得焦虑，总之一连串的不良情绪排着队要光顾你呢。更糟糕的是，在职场上，很多情绪都会被放大。既然如此，我们总要想个方法把情绪管理好，只有这样才能更好地工作下去。

1. 在上班路上进行"心理彩排"

《心理彩排：好运都是在上班路上设计出来的》一书中提到，仅仅利用上班路上的时间进行"心理彩排"，就能让你以更积极的心态应对工作。

如果把上班看作一次演出，心理彩排就是演出开始前的一次预演，即想象今天在工作中可能会发生的事情，让大脑提前想好应对策略，从而在之后的实际工作中更加游刃有余。

在上班途中，不仅可以彩排工作任务，还可以彩排人际关系。如果你讨厌上班，是因为会遇见讨厌的同事，那么我们在进行"心理彩排"时，就可以想象自己是第一天来上班的新人，然后以一个新人的态度来客气地面对这些陌生的同事。当你调整好了自己的态度，你对待别人的方式也会有所改变。

2.不再被"假烦恼"困扰

知名作家张德芬说过，这世上只有三件事：老天的事、他人的事和自己的事。老天的事我们管不了，他人的事我们也不必管，所以我们只要管好自己的事就好了。

但在现实生活中，大家总是会为老天的事和他人的事忧虑。比如明天究竟下不下雨、在竞选中×××会不会把票投给我……长期关注自己能力范围内做不到的事，其实是庸人自扰。

你相信吗？我们每天思考和担心的事情，很多都是无用的。不信的话，可以从今天起记录你的烦恼，之后再回头看，你会发现90%的事都没有发生，这些就是所谓的"假烦恼"。

真烦恼是客观现实中存在的烦恼，假烦恼则是真烦恼发生之后，我们内心产生了新解读和新感受，从而带来的进一步的烦恼。举个例子，有个人因为工作没做好被老板批评了，这件事可能会产生真烦恼和假烦恼。因为工作没做好而烦恼是真烦恼，由此产生的担心，例如下回晋升是不是没戏了，则是假烦恼。

当我们在工作中处于不良情绪中时，我们应该自问："现在困扰我的是真烦恼还是假烦恼？"我们只有调动理性思考，才能有效控制住不良情绪。

3. 提前画一个"疑惑十字符"

疑惑十字符是一个四象限，横轴的左端是指生活中的失败，右端是指生活中的成功，纵轴的上端代表工作中存在的缺点和错误，底部代表工作中没有任何缺点和错误。

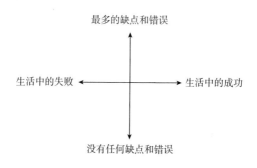

这个象限会呈现出四种类型的人：虽然在工作中有很多缺点和错误，但在生活中却很成功的人；有很多缺点和错误，在生活中也很失败的人；在生活中很成功，同时也没有缺点的人；在生活中很失败，但没什么缺点的人。

人无完人。如果你在工作中的角色很卑微，那就"扮演"好生活中的角色，有可能因为你在生活中的角色变得足够好，你的工作也会有所改观。例如，有的人在微博上坚持每天晒自己做的早餐，慢慢积累了自己的粉丝，后来还得到了某品牌的赞助和推广的机会，靠分享早餐赚得的钱和成就，比工作中还要多。又比如，某人做着公务员的工作，却对手绘、手帐很有一套，于是用自己的闲暇时间在各个平台开设付费课程，这也是发生在我们身边的，通过生活上的良性改变从而改变工作情绪的真实事例。

我们这一生成功与否，并不完全依靠工作，也不完全取决于一些事情的成败或我们自身的优缺点。你兴许不是一个备受器重的员工，但你可以是个好爸爸、好丈夫。因此，当你在工作中感到苦闷的时候，你可以拿出"疑惑十字符"，它能帮你摆脱不良情绪的影响。

4.不要依托于外界电源，要学会自己给自己充电

"意义"二字大于一切，在工作中找寻到意义，就能让人因为内在动机的驱动而工作，而不仅仅是为了薪酬或是福利等外在动机而工作。不妨思考下，你现在之所以做着这份工作，是因为它提供给你的薪资和福利，还是因为你真的喜欢？

这世上总有比金钱更高的使命，当你知道你所做的事是有意义的，你就会热衷去行动，也不容易倦怠。通常我们说起"意义"，总有人觉得它很渺茫、很遥远，甚至觉得矫情。可是，如果你没试着去寻找，你怎么知道它遥不可及呢？

意义从不会自己找上门，它需要你自己去创造。在工作和生活中创造意义并不需要你制定一个如何改变世界的大计划，它应该是一个更切实际的、和你最在乎的人相关的计划。

现在，问问自己，你目前的工作或是扮演的角色为什么而存在？比如护士的职业是为了照顾病人，让病人得以康复。在大多数情况下，工作的存在是因为它能帮助他人或是让整个流程更有效率，而这就是我们需要重新发觉的。很显然，为他人创造意义比追求自己的快乐更重要。

当我们得到上面这个问题的答案之后，我们就要时刻记住那些能激励我们工作的故事，或是借助能够让我们明白"为什么要做这份工作"的一张照片，或是用一句话来提醒自己。

5.用微小的行动，换取大的改变

这个世界在某种程度上不太允许我们过度任性，大多数人不可能喊着"我要寻找生命的意义"，然后就彻底抛下工作、家庭，一个人潇洒地开始环球旅行。寻求意义、让自己每天精力满满，不一定要依靠大的刺激，微小的行动也可以，这些行动甚至可以很普通，不需要你花大价钱购买。

例如，我们可以用盆栽、艺术品或是我们所爱的人的照片装饰办公桌，让我们每天8小时过得不那么枯燥。研究表明，仅仅是精心布置办公桌就能让人的生产力增加32%。当然还有出门前和伴侣进行一次暖心的互动，在同事的办公桌边停下寒暄几句，在天气好时外出散步，和最好的朋友通个电话……更多微小却能带来美好的事情，等着你去发现。

6.找寻自身优势，发挥更大的作用

如果你把人生的大多数时间都花在努力做好所有事情上，那么你就扼杀了将某件事做到出色的机会。很多时候，将力量集中到你的优势上，效果会更好。这让我想到时间管理领域著名的"二八法则"，我们在自己擅长的领域投入的每一个小时，都将产生翻倍的成果，而用于修补自己劣势的每一个小时，都收效甚微。因此，我们需要找到能为你带来80%成效的那20%的事情。

回想一下你的教育经历和职业生涯，找出那些给予过你正能量，令你废寝忘食的事情。仔细想想你那时候具体在做什么，和什么人在一起。接着，看看你能不能把这些因素带到你现在的工作里，并想出一件你明天可以花更多时间，愉快、自如地去做的事情。

著名的"1000人的临终遗憾"中，并没有人说"后悔自己在工作中没做到一定的成绩"，大多数人都会说："后悔当初花那么多精力在工作上，错过了关注孩子成长的乐趣，错过了爱人温暖的陪伴。"工作不是所有，但既然必须工作，那就让自己变得积极一点儿吧。不论是运用"疑惑十字符"，还是找寻工作的意义，抑或是发现更多微小却美好的事情，都是看似简单，却可能让你的工作状态有所改观的实用方法。去试试看，兴许会有非常明显的改变。

培养自我效能感

1.

我的一位好朋友，在遇到某些情况时，总是喜欢讲他父亲的故事。听得多了，我都能背下来了：我朋友的父亲在他年幼时开了一个菌菇厂，生意做得很大，钱也挣得蛮多，在农村遍地都是一层楼高的小瓦房时，他们家盖了一栋5层楼的精装房。那时的日子过得很滋润，日常生活中，我朋友想吃什么，他家里就一箱一箱地买回来给他吃。后来，他父亲的工厂经营不善，倒闭了。他家的生活也不再风光，直到现在，一家人还住在当初那栋5层楼的房子里。

我这位朋友很喜欢讲这个故事，说得多了，我开始想，为什么有的人掉入井里后还能爬上来，而有的人，比如我朋友的父亲却一直在井里待着呢？

"可能给他的打击太大了。"我朋友这样说，在他看来，这个问题的答案就是个人抗压能力的区别。

2.

人生总是起起落落，我们走得从来不是什么康庄大道。有人常常会开玩笑说："今天你飞得越高，到头来就会摔得越重。"说的也是这么一个道理。

在当今社会，大家推崇情商、智商、财商，但在我看来，抗压力也是不可或缺的一种能力，尤其对于那些处于高度竞争的职场环境中的人，更是如此。

我们总会遇到逆境，遇到不顺心的事，而这些事情引发的消极情绪会影响我们之后的行动，比如恐惧情绪会引发逃避行为，不安情绪让我们为了避免更多的失败而不敢去挑战。但抗压力并不是让你一味用积极思维来看待逆境。正如《抗压力》一书中所言：人对未来抱有不安是理所当然的，害怕失败也在所难免。当事情发展不顺利，焦躁不安也是人之常情。强迫自己积极思考，反而有违常理。

3.

按照传统思维来看，面临压力时有三大法宝——运动、呼吸、听音乐。运动主要指有氧运动；呼吸主要指深呼吸或腹式呼吸，让自己快速放松下来；而听音乐则是避免让自己过多地聚焦于消极情绪上。

但是，当我们面临的压力甚至逆境已经大到我们连运动、呼吸、听音乐都不愿意去尝试的时候，我们还有什么办法呢？答案就是重拾"我能行"的自我效能感。

"自我效能感"是指对自己实施某一目标和行为的成功率的信任度，它能大大帮助人们从困难中重新站起来。

想要重拾"我能行"的自我效能感，你要先找到自我优势。人们总是更清楚别人的优势和弱点，却很难发现自己的优势和弱点。即便有人对自己很了解，也很少利用自身的优势，而是将更多的时间和精力花在克服弱点上，然而这并不明智。

日本积极心理学学校的校长久世浩司说：弱点就是弱点，它很难转换为优点。克服弱点需要花费我们大量的时间和精力，而且克服弱点的成功率并不高。即便拼命克服自己的弱点，最多也只能达到一般水平，很少有人能将自己的弱点发展为优势。

"木桶原理"告诉我们，一只木桶能装多少水取决于最短的木板，所以我们要聚焦短处，把短处变为长处。但"新木桶原理"告诉我们，一只木桶的最大储水量可能并非由最短的木板而定，我们可以将木桶倾斜，往最长木板那头尽量多放水，这样的储水量可能比木桶直立时的储水量更多。也就是说，"新木桶原理"让我们聚焦于自己的长处。

把焦点集中在优势而不是弱势上，是最大限度挖掘他人潜力的捷径。因为我们最大的可能性是在自我优势中。

为了找到你的自我优势，你需要问自己几个问题：

（1）什么是你最大的成就？

（2）你最喜欢自己哪个方面？

（3）你做什么事的时候最开心？

（4）什么时候你才会感到"这才是真正的自己"？

给自己一点儿时间，好好回答这几个问题，我想你会发现自己的优势在哪里。

其次，要刻意培养"我能行"的自我效能感，你还可以通过"一个方法、四个步骤"来快速实现。这四步分别是实际体验、范本、鼓励和氛围。

为了更好地理解"一个方法、四个步骤"，我们来举个例子：

我前一阵子心情十分糟糕，做什么都提不起劲儿。原因是我有大半个月的文章反馈数据惨淡，导致我后来都不想写东西了。为了让自己重拾写作的信心，我运用了这四个步骤。

实际体验——我之前写了数篇阅读量不错、点赞数不错、传播力不错的文章，所以我是可以写出反馈数据还不错的文章的。

范本——不少著名作家也经历过无人问津的时刻，他通过尝试不同文风来研究读者的偏好，最后写出了和读者口味一致的文章。

鼓励——我朋友告诉我，他相信我能写出好文章，并让我不要太紧张，可以先休息一下，等到写作灵感来了再写。

氛围——我停下了写作，积极健身，让自己的身体活跃起来，从而调动了情绪。

就这样，通过这四个步骤，我的个人状态好了不少。当然，这四个步骤并非一定要一个不落地都用上，你可以运用其中的一个或两个，只要能对你起到"我能行"的帮助就可以了。

在我看来，实际体验最有成效，因为它是用你实实在在做过的事情来提醒你，你是可以的。而范本则会对你当下的困境给予引导。

4.

我看过张德芬的《遇见未知的自己》，里面提到一个让人生朝着自己想要的方向去走的方式，就是"提前感恩"，也就是在这件事还没发生之前，先诚心地感恩，这样这件事才会更容易发生。

所以我2017年底给自己写下的2018年计划中的其中一项就是"写感恩日记"，所以在今年开始的第一天，我就开始了这项计划。随着我感恩的事物越来越多，我慢慢不再聚焦于自己的失意，它在无形之中让我变得更积极了。

"感到无比沮丧失望时，唤醒自己的感恩之心，它会给你带来强大的力量，让你重新站起来。"这就是让你从井里爬出来的最后一个绝招。

感恩可以提升我们的幸福指数，也可以抑制压力、减少不安情绪。除了写感恩日记外，我们还可以每天记录三件好事，每天如此，积少成多，也能给予我们再次崛起的力量。

最后，我们不妨用古老的中国智慧来解决自己的职场困惑。中国的太极图由黑白两色组成，分为阴阳两面，但你发现了吗？代表阴的黑色部分里有个白色的圆圈，同样，代表阳的白色部分里有个黑色的圆圈，这有着怎样的寓意呢？

你可以这样理解：当我们处于"黑"（不幸事件）当中时，也隐藏着白（成功的种子）的可能，因此，不要灰心丧气，要满怀希望地去寻找成功的种子。而当我们处于"白"（幸运事件）当中时，也潜藏着"黑"（失败的种子）的危险，所以即便成功也不该得意忘形。正如"危机"二字，有危险也有机遇。只要我们掌握了抗压力的技巧，即便不慎掉入了井里，我们也能爬上来。

Part 8

技能迁移，登上金字塔尖

你凭什么跳槽？

　　每年一到"金三银四"，就有很多人想跳槽。一是因为这时候该拿的年终奖、福利都到手了，二是因为市场上空缺岗位一大把，可选择的余地较大。员工想跳槽归根到底就只有两个原因，钱太少和不开心。我认为，觉得钱太少的原因有两个，一个是你的能力70分，但你想要90分的钱；一个就是你的能力90分，但老板只给了你70分的钱。这两件事是不一样的。

　　而不开心的原因也可以大致分为三种情况：一是工作很好地完成了，但没有成就感，不开心；二是工作不能很好地完成，总被老板批评，不开心；三是工作能胜任，也有满足感，但觉得没发展，不开心。

　　为什么在谈跳槽前，要先说说想跳槽的原因呢？因为这个很重要。如果你没搞懂你为什么想跳槽，那即便你成功地跳了槽，问题依然存在。正如男女恋爱，一女生因做作，历任男友都不能合其心意，于是频繁地分手、恋爱、分手、恋爱。除非她运气好，遇到了一个可以完全包容她的男生，否则，她就只能陷入不断选择的死循环之中。

因此，搞清楚你为什么想跳槽至关重要。

1.注意你的跳槽心态

在职业规划里，有这么一个公式：职业收益＝薪酬福利＋职业发展＋情感体验。也就是说，一份理想的工作，最好能给你较好的薪酬福利，还有一定的发展空间，以及在工作中能产生较为愉悦的情绪体验。你可以对照着这个公式，看看自己是因为哪个环节没符合要求才萌生了跳槽的想法。只有明确了自己的心态，你的问题才有解决的可能，否则哪怕频繁地跳槽，也只能在一次次度过新鲜期后陷入无助的境况。

有的人一旦对薪水感到不满，就想要跳槽，认为只有这样才能提高收入。在某种程度上，跳槽确实能在短期内提高收入，但过了一段时间后，他们还会因为同样的问题而萌生跳槽的念头，然后跳槽、厌倦，周而复始。这样频繁地跳入跳出，会让他们的工作经历变得越来越繁杂，愿意接受他们的新公司也会越来越少，毕竟HR都不喜欢频繁换工作的人，这类人在他们眼中的忠诚度会大打折扣。而且频繁地跳槽，每次都要在新环境中从零开始，也会使员工自己越来越不值钱。

所以，在跳槽前，务必问问自己，我究竟是为了什么而跳槽？跳槽之后，问题就能解决吗？

2.在跳槽前必须回答的四个问题

当你了解了自己的跳槽心态，仍觉得目前只有跳槽一途可供选择的话，那你就跳吧。但别急，在跳槽之前，先好好回答下这四个问题。

（1）新工作是否可以带给你最想要的价值？

如果你是为了事业的发展而跳槽，那新工作是否能给你足够的发展空间呢？如果你是为了满意度而跳槽，那新工作是不是会让你感到开心满意呢？

（2）因为跳槽，你看到你将失去的了吗？你能承受吗？

有的人因为急着跳槽，会有一段时间的"青黄不接"，也就是从前东家离职了，但还没找到下家。那这空档期的生活支出，你能应对吗？还有的人跳槽是从小地方跳到大城市，那大城市的高消费水平和高生活压力你考虑到了吗？你能承受吗？

（3）新工作中最不堪的部分你看到了吗？

"距离产生美"这句话说得挺有道理的。当我们还未涉足一个领域，还没真正进入某家公司时，我们脑海中浮现的都是美好的预想，我们很少会想到那些不好的事情。而为了做出理性的跳槽选择，请你想想看，每份工作都有好与坏两部分，除了好的部分，坏的部分你看到了吗？比如你选择了一份高薪工作，那这背后可能隐藏着无穷无尽的加班或是频繁的出差，你能忍受吗？

（4）我现在的工作是不是真的没有价值了？

把这个问题放在最后，是让你再认真想想看，改变你目前困境的选择，是不是只有跳槽这一条路了？好比你觉得目前公司给你的薪酬太少，你是否可以通过和上司谈加薪或通过证书加持等方式来试着达到加薪的目的呢？

3.跳槽的小建议

（1）35岁前尽量别为了钱跳槽

不少咨询经验很丰富的职业生涯规划师都提到这一点——不建议在35岁前为了钱跳槽。如果你仔细观察就会发现，很多企业在发布招聘启事时，会把35岁作为一个槛。在公开招聘市场上，大多数工作岗位都只提供给35岁以下的人，所以在35岁之前，提升自己的技能相较于薪酬来说更为重要。

（2）跳槽要追不要逃

在第一章谈论职场定位及选择的时候，我们说过，大家在做职业选择时可以参照行业的趋势。同样，跳槽也是如此。跳槽意味着新一轮的工作选择，所以还是应该选择处于成长期的企业为佳，这样职业发展比较容易有好的走势。

（3）拓展跳槽渠道

前面提到，在公开招聘市场上，大多数工作岗位只提供给35岁以下的人群，那35岁以上的人要跳槽怎么办？那只能通过其他渠道来完成职场跳转了。

　　一般而言，35岁以上的人在公司中基本处于中高层的职位，这时他们跳槽的选择，并不仅局限于在招聘网站上找下家了，猎头会主动找上门，身边的熟人会给他们推荐。

　　在职场中，大部分高级岗位也不会在公开的招聘网站上发布，公司一般会先从公司内部提拔人员，如果没有适合的人选，会再考虑他人的推荐，让猎头去挖人，或是通过共同的熟人搭桥，最后不得已了才会在公开招聘市场上发布招聘启事。

　　总之，跳槽在当今是个正常的选择，可以跳槽，但不能盲目跳槽。在跳槽前我们需要注意自己的跳槽心态。在决定跳槽后，要思考四个自检问题，让自己尽量理性地去做选择。但不论如何，在职场中积累能力最重要。随着能力的积累，个人品牌的建立，跳槽渠道也在不断拓宽，未来的职场跳转机会也会更多。

离职的经济学

1.

小Z最近过得不太好。

前天，我难得约她吃饭，她一坐下就说："坦白说，我有些后悔了。"对面的她，完全是一副"身体被掏空"的样子。

但两个月前，小Z的日子还过得比谁都自在。当我们因为晚高峰被堵在路上时，小Z已经在健身房快结束锻炼了；当我们下班赶到餐厅，看到餐厅外坐着一排等待用餐的人时，小Z已经在餐厅里向我们挥手了，而桌子上则是刚端上来的热腾腾的菜肴；当我们灌下一杯又一杯咖啡，熬夜加班工作的时候，小Z在从从容容地看书、看电影、参加各种活动。

然而，换了工作之后，小Z正式成了"我们"中的一员。

2.

"我已经习惯挤公交了，我已经习惯晚上加班到九十点钟了，我已经习惯每天都有做不完的工作了。"小Z连用了三个"习惯"，在我看来更显得无可奈何。

小Z之前在国企上班，工作稳定轻松，基本不会加班，福利待遇也很完善，还朝八晚四，真的是很好的工作，唯一的缺点就是工资低。

起先，小Z不觉得工资低是个多么要命的事儿，因为小Z的副业做得不错，每个月的副业收入加上工资也还过得去。

"比较真的太可怕了。一桌人坐在一起吃饭，我不用问，都知道自己工资是最低的。你说，连个应届毕业生也不会拿我这么低的工资吧。然后呢，什么人都来到我跟前，满脸真挚地看着我说：'你的工资真的太低了！'这种感觉就好像我特别没用，已经混得差到不能再差了。"

于是，为了证明自己不是混得不好，小Z跳槽了，找到了一份月薪比身边大部分人都高的工作。工作刚敲定，小Z就想起了原先嫌弃她工资低的那些人，然后觉得心中无比畅快。

可是才过了两个月，她就跟我说："我有些后悔了。"

3.

其实，在小Z告诉我她准备跳槽到这家新公司的时候，我就知道她一定会后悔的。因为在职场中，仅仅是为了钱而跳槽，迟早都会感到不值得的。可是很可惜，那些在职场上工作了三五年的人，选择跳槽的原因多半都是因为钱。

如果单纯从短期效益上看，一跳槽马上就有薪资的提升和头衔的加持，这确实是好事，但问题在于，为了获得这样的薪资和头衔，付出的代价你衡量过了吗？你能够承受吗？为了短期利益而盲目跳槽，可能会让你加快碰到天花板，你有想过吗？

不要说现在考虑这些问题太早，为了钱而跳槽，这些都是必答题。如果故意忽视，那么终有一日，你会后悔自己当初的选择。

4.

一份工作究竟是不是自己所热爱的，钱绝对不是唯一要衡量的因素，除非它高到违背常理。而在辗转换了几份工作之后，我才真正明白，工作中隐性因素带给你的能量远比显性因素大。

工资多少、待遇如何、休假规定等等都是显性的，但在工作中的舒适度、同事间的人际关系、可能的上升渠道、在工作中获取的情绪能量等隐性因素反而决定了我们是否愿意为这份工作投入更多的心力。

钱很重要，但如果你还看重其他的东西，那么它就变得不那么重要了。

比如说，你心里其实更想体验人生的多样性，那么跳槽到一份高薪却让你每天随时保持在线的工作就是一个错误；如果你心里更想追寻事业的长线发展，为了钱跳槽到不知名的小公司也可能会让你大失所望。

再者，职业的本质就是交换。别人付给你高薪，正常情况下，你也需要产出高价值。为了产出高价值，你所要牺牲掉的时间、花费的精力，都要纳入考量范围。

不要觉得自己还年轻，人生路还长，在职场上，你的赛道和冲刺阶段远比你想得短。仅仅是为了钱而跳槽，就像盲目挖金矿的工人，当遇到另一座金矿的时候，他们会欢呼，会更卖力地干活，但可能几天之后，他们就会在想"也许还有更大的金矿呢"。

那天小Z说："如果可以重来，找一份薪资尚可的工作就好了，这自由度不会这么大比例地被侵占，也能实现'脱贫'目标。"

"重来是不可能了，但是你还是有选择。"我刚说完，小Z就点点头："只是成本变高了。"

当然，大金矿不是那么好挖的。与其漂洋过海，拿着铁锹，站在金矿前才知道自己的劳动力被严重压榨，个人安全得不到保障，何不在准备出发前就考虑清楚呢？

在做选择的时候，确实要考虑钱，但不能只考虑钱。不要被数字迷惑了大脑，仅仅为了钱而跳槽，你真的可能会后悔的。

不做"闪客"

我有位同事非常爱抱怨。在我的印象中，她基本每天都会为工作上的事而抱怨，但她的"抱怨高峰期"是她被迫接下另一位匆匆离职的同事所负责的工作时。那段时间，她不断跟我说，因为这位同事的匆匆离职，她的工作变得一团糟，千头万绪，怎么也理不清楚。然后我看到她和其他同事推进那些工作时，基本都会连声抱怨那位匆匆离职的同事，把所有的错都怪到他身上。就这样，我这位已离职的前同事，莫名其妙地背了很多黑锅，这些黑锅的数量远超过他实际应该背的。

所以，怎样辞职或者怎样离职，真的不是一件小事。做事有始有终方为好，而在职场上，收尾收得好远比开头和过程重要得多。那位已离职却不断"背锅"的同事，实际上在公司任职期间的工作是很出色的，她在职的时候，大家对她的工作表现也是很服气的。但因为没做好"善后"工作，导致后来公司内的员工对她的评价就成了"她以前做事挺麻利的，竟然留下这么个烂摊子！"

有人说，职场是个圈，如果你是在行业内跳槽，那么你的个人名声，或多或少都会被他人听到。想想看，你跳槽所到的新公司内的某位同事，偶然听到了前公司员工对你的不利评价，他会如何看待你？所以，究竟要如何走人，才走得漂亮并不落人话柄，是一门职场人必须要掌握的功课。

1.选择一个恰当的离职时期

如果你想走得漂亮，那么就要选择在你刚刚完成了一项任务，或是刚立下汗马功劳的时候，因为你刚对公司有所贡献，这时大家对你的评价是正面的，尤其是你的领导，可能正想着奖励和提拔你呢。

这时候你提出离职，一方面类似"吃人嘴短"的道理，你的上司也不太好意思拒绝。其次，你选择在这时候离开，颇有点儿"功成身退"的感觉，大家也明白你应该是觅得了更好的发展去处，而不是混不下去才走的。

2.做好工作交接，别做"闪客"

有时候，离职的时间点可能并不能完全由我们控制，尤其在求职流程走到最后的时候。你在入职新公司之前，HR会直接告诉你一个入职时间，或是让你尽快入职。所以，可能还等不到我们完成一项任务或立下功劳，就要离开了。如果是这样，为了你今后的职场名声，请一定要做好工作交接，千万别做"闪客"。

说走就走是很潇洒，但在职场上却是大大的减分项。不论你什么时候走，做好工作交接都是必须项。

第一，确定要离职的时候，请务必提前和你的直属上司打招呼。需要提前多久告知，按照公司规定的时间即可，一般是提前一个月知会。同时，需要注意，离职事项请直接和你的直属上司商谈，不要越级或直接找 HR。个人建议，至少提前一个月和你的直属上司进行口头告知，待对方基本同意后，再递交书面辞呈。

第二，在离职前做好工作梳理。我曾在一家大型财经网站做过实习编辑，主要的工作内容是"扒"一些海外网站的财经资讯。我在离开的时候，把我实习期间会用到的所有海外财经网站，按照外汇、期权、黄金等做好了分类，整理成一份 Word 文档发给了我的直属上司，以方便之后负责这块内容的人员能省去搜索、整理、分类的环节。因为这一举动，我的直属上司对我赞赏有加。同样，我从前东家离职的时候，手头上负责的工作项目繁杂，但我也把它们整理分类，并把相应的文件整合成文件夹，还做了一个目录，方便他人检索相应工作所需要的材料。

如果你负责的工作和其他人有重叠，那么你需要和相对应的同事进行沟通，做好工作上的交接。相信我，这个举动会为你的职场名声加分的。这种认真尽责到最后一刻的态度，大家都能感受到。

3.做好离职的沟通工作

我从前东家离职的时候，费了九牛二虎之力。后来我反思了一下，主要还是因为我的工作暂时没有人能很好地接手，而我提出的"为了个人职业发展而跳槽"的理由又不够客观直接。所以当时我的两位直属上司，轮番找我谈话，希望我留下来，并提出要给我加薪等条件。虽然最后他们同意让我离职了，但不得不说，时间还是拖得太久了。

后来我仔细想想，在我们确定离职并告知上司时，上司询问起来，我们相对直接一些才比较妥当。例如，上司总会问："那你接下来怎么安排？是找到了更好的去处吗？"这时，你不用支支吾吾，不妨坦诚相告。你越不想说，对方就越想知道，然后越疑惑。因为现在的职场界线越来越模糊，你离职后和这家公司说不定还会有间接联系，所以让对方知道你的去向也未尝不可。

然后，在上司询问离职理由的时候，你应该尽量给他一个无法拒绝的理由。直接说钱太少或者不开心，实际上是不太好的理由。如果说钱太少，那么上司想要你留下来的话，就会说："如果你觉得工资少，我们可以谈啊。"这样你就很被动了。倘若你坚持要走，上司会觉得你的理由很假，毕竟我都主动给你加薪了。如果你报了一个很高的数字，他们则会觉得你有些贪得无厌，摆不清自己的位置。用"钱太少"作为离职的理由，会带来一些不必要的麻烦，因此，我们要尽量避免这种情况。

而"做得不开心"这样的理由也不太好，因为太过主观。可能上司会认为这是你的个人性格问题。所以，如果一定要说一个离职理由，请选择让人无法拒绝的理由。例如因为家庭问题，你需要离开这个城市；因为职场价值观和公司不太相符；个人进修等。千万不要说自己是因为钱、人际关系、工作压力等主观原因离职的。

最后，你还需要真诚地对上司表示感谢，感谢你在职的这段时间里，他们对你的培养和照顾。你可以谈谈这段时间你的工作收获及成长，也可以说一句"以后如果有任何我能尽微薄之力的地方，可以联系我"这样的话。

4.就一个人安静地离开吧

跳槽、离职切忌太过张扬。在离开前，你可以和你的直属上司、工作内容重叠的同事、私交甚好的同事知会一声，但没必要搞得公司上下都知道。

有的人在离职之前，会在公司内部"走亲戚"——这个部门走走，那个部门逛逛，告诉他们："你们好好加油吧，我下周一就不来啦。"这完全是多此一举，所有手续办理完了，就安静地离开吧。

最后补充一点，即便你离职了，还可以和前东家的同事保持联系。尤其是在同一个行业的，大家低头不见抬头见的，保持一个好的情感维系，自然有利于今后的合作事宜。在职场上，多个伙伴总比多个敌人强。

骑驴找马，马究竟在哪里？

我大学毕业那年，学校的老师一直给我们灌输的思想就是"先就业再择业"。所以很多人都是先拿下一份工作，然后再开始一边拿着薪水，一边想着找下家。

之后，在职场上，我也见过不少"身在曹营心在汉"的，嘴里总在念叨着自己是骑驴找马。但怎么才能确保自己找的是马，而不是驴呢？而且，要怎样才能找到好马，甚至千里马呢？

1. 别一不爽就裸辞

一对感情很好的夫妻，在几十年的婚姻生活中还会有数十次离婚的念头，你做一份工作，有不爽的时候也是十分正常的。所以，一有不爽就立刻裸辞，这是很不成熟的表现。

裸辞只能爽一时，那种从长期压迫中解脱出来的畅快感只能维持几天而已。之后呢？你大概就会陷入每月没有薪资打到你卡上，终日无所事事的焦虑中。

　　裸辞之后重新找工作是很看运气的，有时候可能你裸辞还不到一周就找到了新工作，但也有可能你裸辞了3个月还没找到工作，这时候找不到工作的焦虑就会越来越严重。先不说你的存款能不能应付你这几个月的"停工"，面对这种无奈的情况，你很可能会在一次次求职无果的挫败感中，不自觉地降低自己的求职要求，本来想"找马"的，结果倒好，还是找了驴。

　　如果仅仅是觉得不爽，那先调节下自己的情绪，不要被情绪牵着鼻子走。如果冷静下来后，还是想着"我就是不想干了"，那就在认真做好跳槽前的分析后，再离职也不迟。

2. 冲掉职场的美丽泡沫

　　一份新工作，我们在尚未涉足前，想的往往都是好的一面。但世上没有完美的工作，为了让你看清这份工作的全貌，在跳槽前，你需要更多地了解下这个职业。所有你感兴趣的、有机会从事的、想要涉及的，都可以去了解。了解的途径有很多，互联网、书籍都可以。如果想要了解得更深入，可以通过在行、分答、问咖等网络平台，联系某个行业的大咖，让对方为自己答疑解惑。

　　这样的举动，能让我们在骑驴找马的过程中，冲掉很多美丽的泡沫，尽可能避免因为自己关注得太片面，做了一些错误的选择。

3. 通过职场贵人找"好马"

　　做好职业访谈后，主动投简历求职，或通过职场贵人引荐，能让你找到"马"的概率大大提升。

大部分的高级职位都是由内部提拔或熟人举荐的，所以当你选择了一条又快又好的求职路径时，你找到"马"的概率也会提升。既然是要跳槽，那么只能走他人引荐这条路了。

而那些在职业生涯中能帮助且会帮助自己的人就可以称为你的职场贵人了。贵人并不完全指那些位高权重的人。在职场上，贵人的范围很广，他们可能就是你周围的同学、同事、主管、客户、父母的朋友等等。总之，你的优异表现被人看到，并能得到他们的认可，那他们在下回有合适机会的时候就会想起你，并为你引荐。

以我自己为例，我曾帮一家大型互联网公司写过宣传稿。我是怎么得到这个机会的呢？其实就是同学的推荐。正好他们公司需要这样的人，但公司内部没有合适的，就想着去外面找个兼职人员。而我的同学正巧在那家公司任职，她立马想到了我。于是，在同学的引荐下，我和那家公司的领导经过多次沟通，这事儿就成了。

想要认识更多的职场贵人，首先不能太功利，不要总想着刻意去寻求贵人的帮助，比如刻意靠近一些位高权重的人。拥有更多职场贵人最有效的方法是内外双修：一是你自身要有一定的能力，尽可能多地创造一些工作成绩，让更多的人看到你的优势，这样别人才会认可你的能力，并做出推荐；二是你要拓展人际关系，经营交情。

当然，拓展人际关系的事真要说起来，那是三天三夜也说不完的，我认为最简单易行的方法就是对身边的人满怀友好，不要因为别人目前的不起眼而小瞧了对方，万一他哪天有了更好的机遇能对你的事业有所帮助呢？其次，要多建立情感链接，除了多见面，还可以偶尔发发微信，有时一句问候、一声祝福也是非常温暖人心的。

4.高薪工作 ≠ "千里马"

如果你问："有公司高薪挖我，我是不是该马上跳槽？"

我的回答是看情况。首先，跳槽不能单纯为了钱，还需要弄清这个高薪背后的风险是什么？如果这个高薪需要通过频繁的加班来实现，你还考虑跳槽吗？

其次，你的职业价值观和这家公司相符吗？职业价值观相符，你就能和公司的目标一致，并能比较好地融入团队、融入公司，在二者共进步的情况下，职业发展也会更为顺利。但如果，你拿着高薪，却对公司的种种作风看不惯，那这家公司就不是你的"千里马"了。

好比两人相亲，男方承认女方年轻貌美、身材好、有智慧、显气质，但就是聊不来，那也是白搭。因此，并非"钱多事少离家近"的工作就是你要找的那匹"马"。

5.趋势，趋势，还是趋势

关于趋势，我在不同的章节里多次提到。正如以前经济学老师告诉我们的，看一件事物应该先看宏观，再聚焦微观。跳槽也是如此。

你通过一些财经网站、行业发展报告、商业大佬的演讲或是猎头的建议，就会发现自己所处的行业在整个经济大环境中处于怎样的地位，是前进、后退还是停滞。

我根据国内商业大佬的访谈，还有一些专业的职业生涯规划师的建议，总结了一下，现如今处于成长期的行业有文化娱乐、旅游、体育、环保（新能源、新材料）、教育、创新服务、信息技术等。

"大势所趋，顺势而为"这句话一点儿也不假。如果你下定决心要跳槽，却对自己的职业发展前景很迷茫，那可以尝试着跳转到这些处于成长期的行业里看看，兴许会相对容易地找到你的"千里马"。

把握机遇，趋势为尊

好像大家在工作一段时间后，都会萌生"跳槽"的念头。关于跳槽这个话题，可以说的内容很多，但最主要的是你千万不要被情绪牵着鼻子走。毕竟每个人的职场黄金期有限，冲动的跳槽往往会让人偏离上升的通道，甚至阻碍自我的发展。

冲动跳槽不可取，但理性跳槽却是必须的。研究数据表明，初次跳槽的年龄有愈来愈小的趋势，而且在同一家公司工作到2~3年的时候，正是最容易跳槽的时候。

当今社会，很难找到能让人待一辈子的企业了，为了我们的职业发展，我们应当在合适的时候，果断跳槽。

1.工作多年，各方面没有明显变化

当你在同一个岗位上干了3年以上，能力、薪酬、工作性质都没有明显变化时，你就要考虑主动跳槽了。

造成这种局面的原因有两个：一个是你自身的原因：你可能安

于现状、原地踏步，没有做出比较好的成绩；二是公司的原因：公司认可了你的能力，但一直不给你晋升职位，连加薪都不愿意主动提。

如果是个人的原因，你需要警醒，每一年都有一批新人走向社会。3年过去了，许多新人都超越了你，而你却还做着和3年前一模一样的工作。

如果是公司的原因，那就应该果断炒了公司。因为3年的时间，足够你体会工作的全貌并完整体现你的能力，如果没有任何的变化，离开这里，寻求其他平台胜过原地踏步。

2.所在公司停滞不前

前面说的是你个人没有明显变化的时候，你要考虑主动跳槽，同理，如果公司多年没有进步，你也应该考虑离开。

员工和公司处于同一阵营，公司发展得好，员工拿到的薪酬就高、上升空间就大。如果公司没有意识到外界环境的明显变化，依旧用老一套来应对的话，长此以往，淘汰是必然之事，例如之前的柯达和诺基亚。

毕竟现在的市场竞争很激烈，不进则退。如果公司多年来不论年度目标、发展战略都基本一个样，后面还没有靠山撑腰，你真的要好好想想它还能给你提供多久的饭碗了。

3.外界有更好的趋势和机遇

选择远比努力重要。我之前听过这样一个故事：一个人在摩托罗拉工作多年，后来等公司不行了把他裁掉的时候，他才重新在用人市场上找工作，但屡屡碰壁。他的朋友不解，毕竟有大企业的工作履历傍身，为什么会没人要呢？结果这个人说，因为原先自己做的工作太专门化了，他只会做那一块儿的工作，现在市场上的岗位要求他已经达不到了。

这就是忽视了外界发展趋势的教训。很多在大公司工作的人容易沾沾自喜，因为这类公司进入的门槛相对较高，但也有一个问题，就是一旦入职后，思想就容易固化、安于现状，导致错过了外界的利好趋势。

对有能力、有想法的人们而言，不能顺势而为是很可惜的。首先要明白，行业间的差异是很大的，同样是销售，农产品销售的利润和房地产销售的利润天差地别。即使你做的是基础性工作，如一名普通文员，但若所处行业不同，最后不论是收入还是视野，差异也是非常大的。

所以，身为一名职场人，你应当有环境敏感度，当你察觉到外界有更好的趋势和机遇，而你自身又有一定能力时，不妨勇敢一跳。如果你还抱持观望的态度，那至少在你的公司开始裁员时，不论你是否在名单内，都必须考虑离开。因为谁知道什么时候会轮到你呢？

4.价值观不相符

我在给别人做职业咨询问答的时候，经常会给对方做一个职业价值观的测试。价值观听起来是挺虚的东西，但在个人工作选择中却举足轻重。

例如，你的价值观之一就是经济报酬。但很遗憾，你所在的公司并不能给你理想的经济报酬，那么你每次来上班时就会感到郁郁寡欢，因为你想要的东西一直得不到。反之，如果你的价值观是环境舒适，而你的公司有你喜欢的工作氛围，即便你拿到的薪水不多，你也会挺开心的。

个人的价值观和公司的价值观能相符才有共同发展的可能。而公司的价值观体现在企业文化、企业制度等方面。例如公司注重的是产能还是人际关系的默契和谐，公司为了利益是否会丢失诚信，这都是它价值观的体现。

一旦公司的价值观和你个人的不相符，你就可以离开了。毕竟其他都能将就，但价值观真的没法将就。

如何拥有工作的质感

正如一对感情美满的夫妻，在数十年的婚姻生活中也会萌生几十次把对方掐死的念头一样，我们做一份工作，也常常想撂担子高喊："老子/老娘不干了！"但我们常常无法如此潇洒，因为我们需要这份工作的报酬来支撑我们的生活。

想要让工作赋予你"想来就来、想走就走"的自由，你需要有更大的权力和更多的金钱。相较于权力，增加金钱对我们来说更容易办到。这个方法你我都能去执行，即在本职工作之外赚得额外的收入，以保持财务独立，并最终成为自己的老板。

在很早以前，创业是"A or B"的选择。你要下海，就要先离开现在的工作，无法兼得。然而，现在有了一种新身份：斜杠青年，这让每个人都有了创业的可能。

提起斜杠青年肯定不陌生了，这两年这个词火到人人都恨不得自己能多几条"/"。有的人知道斜杠来源于英语的"Slash"，这个概念出自美国《纽约时报》，意指多重职业，但其实早在1954年，《牛津英文大辞典》就收录了"moonlighting"一词，它指的就是从事第二职业。所以"斜杠"由来已久，只不过这两年才火起来罢了。

1. 做自己人生的设计师

为什么我们需要斜杠？难道只是为了让自己的头衔看起来更牛吗？美国国民网红级斜杠创业家金伯莉·帕尔默在《斜杠创业家》里写道：如今，我们都需要一种以上的收入来源。就业环境不佳，生活成本越来越高，而开发更多的可能，正是我们对抗压力和经济停滞的良好途径。

斜杠（副业）一能为我们带来额外的资金，缓解一部分经济压力；二能发现我们更多的可能。如果斜杠发展得好，我们还可以实现为自己工作的愿望。

如果你需要增加金钱来源，可以尝试做些副业；如果你正陷入是否要转行的困境，那为何不先用副业来试试水，看看自己是否需要破釜沉舟呢？

副业最明显的好处在于，相对于需要立马去创业或转投的新行业，它的成本及风险要小得多。很多情况下，我们可以尽可能地紧紧抓住自己的主业，同时慢慢地尝试副业，这将给我们带来两份工作最好的部分：主业给我们提供良好的保障（五险一金等），副业则为我们提供了一个使收入来源多样化的很好的机会。

金伯莉·帕尔默说："工作就像是一架波音757飞机，载着我们在30000英尺的高空稳定飞翔。现在，我们都驾驶着自己的战斗机，在驾驶舱配备降落伞就是一个标准操作程序了。"

2.如何开始斜杠人生？

不少人会有这样的迷思：我知道"斜杠"很好啊，让自己的人生丰富又能赚钱，但问题是我的能力平平，想不出自己有什么可以"斜杠"的。

其实"斜杠"的门槛很低。请你打开你的朋友圈，我相信里面肯定有一堆卖婴儿用品、衣服、化妆品的，这些人大都有着一份本职工作，但他们就从发一条朋友圈、一条微博开始了他们的副业。

虽说门槛很低，但如果你想让你的副业发展得好，并成为真正的"斜杠"青年，需要进行严格甄选。

一般情况下，一个坚实的副业往往具有以下特征：

（1）它们具有较低的启动成本。

（2）它们有很大的潜在上升空间，并易于拓展。

（3）它们能很好地适应你的全职工作（至少不产生冲突），让你能自由安排工作的时间。

（4）它们发挥了你独特的创造性和技能优势。

（5）它们做起来很有趣。

对照这5条，你就会知道，为什么有些副业只能停留在"有活就干、没活就算"的层面，因为它们多半没有潜在的上升空间，也无需太多技能。而想要你的副业发展越来越好，你必须要明白，你所做的副业究竟能为别人解决什么问题，这个问题又有多少人需要解决。

一般来说，最具职业安全感的领域往往是那些无法被自动化替代或外包的工作领域，一对一的服务、创意型服务，或者一个需要受过高等教育的大脑才能完成的复杂任务将是可靠的副业选择。如果你的个人爱好和技能正好迎合这些高需求的领域，那么你就走运了。

如果说到这里，你还是一脸茫然，那么你可以对照以下6个方向来考虑，即创造产品、提供服务、经营企业、帮助他人、从事体力工作和表演。

（1）创造产品：回忆一下，你是否拥有一些独具匠心的想法或爱好？

创造产品不是狭隘地单指发明，它还可以是写作、烹饪。总之，你能通过什么技能来换取一个产品，这是你需要思考的。

（2）提供服务：你是否在全职工作中逐渐培养起了一些技能，并且它们极具价值，而一般人很难获得这些技能？

这些服务一般极具专业性，例如你的本职工作是律师，你就可以在本职工作之外为别人提供法律服务；如果你是理财经理，那你就能提供金融服务。

（3）经营企业：你喜欢管理人员、资金和项目吗？成为一个小型企业主的想法是否能吸引你呢？你能想象自己经营了一家什么类型的企业吗？哪种企业能最充分地利用你现有的经验和资源呢？这类一般适合"副业创业"，比如制作定制蛋糕、定制手工，等等。

（4）帮助他人：与别人相处是否会令你精力充沛？和他人一起开展活动对你来说是快乐的吗？对他人来说是有意义的吗？

如果你是这类人，不妨尝试下教学、教练、咨询等副业。

（5）从事体力工作：你是否觉得体力活动能给你带来快乐和满足？

这类工作的门槛比较低，比如钟点工、园丁。

（6）表演：你有独特的表演能力与天赋吗？人们愿意付费去看你的表演吗？

这个范畴内可以尝试的副业有歌手、舞者、婚礼司仪、演员，等等。

在《斜杠创业家》里，作者还根据美国劳工统计局公开披露的所有同时拥有多份工作的从业者信息，选出了最顶尖的50种副业，我结合国内的实际情况，选出了以下30个你值得去尝试的副业。

金融服务者	法律服务提供者
作家	广告文字撰稿人
平面设计师	室内设计师/装饰师
职业规划导师	生活导师
教育培训顾问	活动策划者
网页设计师	信息技术顾问
视频编辑师	配音演员
APP开发者	音乐节目DJ
健身教练	插画家
主讲人	博士
营养学家	蛋糕师

歌手/音乐家	舞者/演员/演奏者
家庭教师	家庭保洁
化妆师	婚礼司仪
文身艺术家	勤杂工

3.怎么才能同时兼顾两份工作?

我在演讲"人生可能性"这个话题的时候,有位现场观众问我:"我也想发展斜杠身份,但我每天上完班已经很累了,这种情况下我要怎么做呢?"我必须要承认,这确实是个问题。因为建立副业最大的挑战就是时间和精力。我因为还算兼顾得较好,所以有不少人问:"你究竟是怎么做到的?"

其实,本职工作和副业工作都能出色完成的秘诀在于:通过光明正大的方式,找到能够将两份工作联系起来的纽带。也就是说,你的老板知道你在干什么并对此感到高兴,至少不反对。因为你的斜杠可以带来双赢,你的老板也可以获得相关的荣誉或利益。

现身说法,我的上司知道我在本职工作外还在写文章、授课,但他并没有反对,因为我的本职工作需要的能力和写作、授课需要的能力实际上是交叉的。而我也出了书,这让我的上司为有我这样的员工而感到高兴。找到工作交叉,让主业和副业双赢,这就是我在本职工作和副业之间找到的纽带。因此,去找一份能够发挥全职工作的经验和技巧的副业,并且保证主业和副业没有冲突,就可以大大提高时间利用效率。

当然，这世上并没有那么多刚刚好的事，如果你的主业和副业的性质并不完全相同，你可以找寻一些方式让拥有兼职成为全职工作的优势。比如说你的本职工作是程序员，但你的副业是健身房私人教练，做教练能够让你精力充沛，从而有更饱满的精力投入到你的全职工作中。如果你的主业和副业完全没有关联，那么制定严格的计划表将两份工作完全区分开来完成，会是最好的方案。

除此之外，你还需要刻意挤出时间，这就需要你减掉耗时的活动，更加有规划地生活，早起或者晚睡。或者是更加注重效率，比如利用碎片时间、为工作排序、学会说不、统一家务管理、注重精力管理而非时间管理等等。

趋势专家、畅销书作家丹尼尔·平克在《自由工作者的国度》一书中写道：如今，雇主已经不能给予员工经济上的安全感了。你的未来，无法完全指望任何一家公司。拥有本职工资之外的资金来源，你就不再会感觉自己在走钢丝，好像稍有不慎就会摔下去。

更重要的是，在共享经济时代，斜杠就是一种新技能，一种能够取得和投资的资源，你可以投资"斜杠"这套技能。就如同你投资知识和房产一样，你不一定要"斜杠"，但是一定要拥有"斜杠"的思维。